# 내 꿈은 마술사

김미숙·박윤아·이동욱·이지언 지음

# 내 꿈은 마술사

## MY DREAM IS TO BE A MAGICIAN

좋은땅

# 책머리에

미래에 멋진 마술사가 되고 싶은 예비 마술사 여러분, 반갑습니다!

마술사는 불가능에 도전하는 사람이며, 상상을 현실로 만드는 사람입니다. 또한 무대에서의 화려한 퍼포먼스를 위해 아무도 없는 곳에서 홀로 땀과 연습으로 가득 찬 연습의 노력을 견뎌 내는 사람들입니다.

우리는 매일 많은 사람들에게 다양한 종류의 마술을 보여 줍니다. 때론 지겹고 힘들 때도 있지만, 우리의 마술을 보고 재미있어하고 즐거워하는 관객들을 볼 때, 가장 행복하고 마술사로서의 보람을 느낍니다.

여러분은 왜 마술사가 되고 싶을까요? 마술사의 어떤 면이 여러분에게 매력적으로 보였을까요? 여러분은 어떤 마술을 사람들에게 보여 주고 싶은가요?

이 책의 저자들인 우리 마술사들은 여러분의 꿈을 응원하고, 함께 무대에 설 수 있기를 진심으로 소망합니다.

아마도 미래의 여러분은, 현재의 우리 마술사들보다 훨씬 더 크고 훌륭한 마술사로 성장할 것입니다. 소중한 여러분의 꿈을 위해, 다른 여러 마술들의 공연을 가능한 많이 보라고 조언해 주고 싶습니다. 더 인상적인 멋진 공연을 위해서 마술 연습뿐만 아니라, 다양한 장르의 공연이나 예술 작품을 보고, 책도 많이 읽기를 바랍니다. 이러한 노력이 여러분에게 많은 영감을 줄 것이며, 여러분을 위대한 마술사로 만들어 줄 것입니다.

쉽게 익힐 수 있는 마술도 있지만, 오랜 시간 반복해서 연습을 해야만 익힐 수 있는 마술도 있습니다. 절대 불가능한 마술은 없습니다. 누군가 그 마술을 완성했다면, 여러분도 할 수 있습니다. 끝까지 포기하지 말고 다시 도전하고 노력하고 반복하다 보면, 어느새 여러분은 최고의 마술사로 성장해 있을 것입니다.

우리는 이 책을 통해, 평소 우리가 자주 사용하고 효과가 좋았던 마술을 소개하려고 합니다. 이 책이 마술사로서의 꿈을 꾸는 여러분에게 도움이 될 수 있기를 진심으로 바랍니다. 마술의 세계에 함께하게 된 것을 환영합니다.

저자 일동

# 저자 소개

## 김미숙

- 마술사 & 마술강사
- 한국 마술협회 아동마술 지도사 1급 자격
- 한국 마술학회 마술사 2급 자격
- 2024년 대한민국 마술강사 연합회 최우수 마술 지도자상 표창 수상
- 2024년 전주 청소년 마술대회 지도학생 특별상 수상
- 2022년 대한민국 마술강사 연합회 지도학생 금상, 라이징 스타상, 최우수 지도자상 표창 수여

  2022년 대구교육청 주관 방과 후 우수 강사 선정

  2022년 구미 형곡초등학교 소외 아동 지원 마술공연
- 고령중, 상인중, 동도초, 신천초 등 특기적성 & 방과후학교 강의 다수 진행
- 합천군 청소년 문화의집 외 마술 강좌 다수 진행
- 이마트 반야월점, 롯데 백화점 상인점 등 문화센터 다수 출강
- 거창초 교사 연수, 화동초 교사 연수 진행
- 경상남도 평생교육진흥원 합천군 마술 강좌 진행
- 대구 글로벌 스테이션 'The 방구석 Live 마술프로그램' 생방송 진행

# 박윤아

- 매직월드 대표
- 마술사 & 마술강사
- 한국마술산업 진흥학회 마술강사 2급 자격
- 주니어 마술대회 우수상 수상
- 내곡초, 양정초, 증안초, 남일초, 덕벌초, 동과초, 용담초 외 초등학교 방과
  후학교 강의 다수 진행
- 행복나무 지역아동센터, 어깨나무 지역아동센터, 광성 지역아동센터 외 다
  수 지역 아동센터 마술 강의 진행
- 청북 문화센터 마술 강의 진행
- 천안 부일고등학교 외 마술사 직업체험 강의 다수 진행
- 진천 올림픽선수촌 어린이날 행사 마술 공연 진행
- 교원대학교 미호강 환경교육 축제 마술 공연 진행
- 진천 학생수련원 마술 공연 장기 진행
- 보은 어린이 소방교육 체험 행사 마술 공연 진행
- 청북 문화센터 마술 공연 다수
- 노인복지관 마술 공연 다수

# 이동욱

- 올매직 대표
- 마술사 & 마술강사
- 한국마술산업진흥학회 마술강사 1급 자격
- 분평초, 진흥초, 각리초, 산남초, 산성초, 수성초. 탄금초, 한솔초, 금난초, 샛별초, 서촌, 용담초, 낭성초, 운천초, 성화초, 우암초, 문의초, 소로초, 남일초 방과후학교 강의 진행
- 청주 동중, 속리산중 방과후학교 강의 진행
- 충청대 유아교육학과 특강
- 전주 토요마당, 산청 한방 축제, 청원 생명 축제, 청주 직지 축제, 부여 백제 문화제, 부여 연꽃 축제, 오창 반딧불이 축제, 세도 방울토마토 축제 마술 공연 진행
- LG화학 지능 위원회 워크샵. 진천 신협 워크샵, 청주 전파관리소 워크샵 마술 공연 진행
- 공주 청소년 수련원 마술 공연 진행
- 삼성 가족 캠프, 세종시 법제 가족 캠프 마술 공연 진행

# 이지언

- 마술사 & 마술강사
- 한국마술산업진흥학회 마술강사 2급 자격
- 세계 레크리에이션 교육협회 1급 강사 자격
- 한국 마술학회 주관 제2회 전국 마술강사대회 최우수상 수상
- 개포초, 하늘빛초, 가원초, 해든초, 봉수초, 간재울초, 예송초, 원당초, 만수
  북초 방과후학교 강사
- HB한밭그룹 송년회 마술 공연 및 레크레이션 정기진행
- 한밭수목원 목재페스티벌, 왕인박사 유적지 정기공연, 속초중앙시장 정기
  공연, 동대문 페스티벌, 대학로 재즈 페스티벌, 안산문화예술의전당 여르
  미오 페스티벌, 안양 문화회관 사랑의 마술 콘서트 등 마술 공연 다수
- 안양 평촌중앙공원 신나는 예술여행 마술 공연 진행

# 목차

## 김미숙

## 박윤아

## 이동욱

## 이지언

# 김미숙

## 프롤로그

여러분 안녕하세요! 언제나 즐겁고 즐거운 마술강사 김미숙입니다. 사실 저는 원래 이렇게 밝고 긍정적인 사람이 아니었습니다. 하지만, 마술을 시작하고 나서 지금은 마술계의 개그우먼이라고 할 정도로 재미있는 사람이 되었습니다.

저는 어릴 적 TV를 통해서 처음 마술을 보았습니다. 지금은 인터넷과 유튜브를 통해서 마술을 쉽게 볼 수 있지만, 그때는 인터넷도 없었고 스마트폰도 없어서 마술 공연을 보기가 힘들었습니다. 그래서 크리스마스나 추석, 설날 같은 명절에 TV를 통해 신기한 마술 공연을 볼 수 있었는데, 그럴 때마다 저는 동화 오즈의 마법사에 나오는 마법 같은 일들이 정말로 일어날 수 있다는 상상을 많이 했습니다.

어른이 되고 나서, 아이들 돌잔치를 해 주는 이벤트 회사를 운영하게 되었는데, 어느 날 문득 이벤트 행사에 마술을 넣으면 좋겠다는 생각을 하게 되어서 본격적으로 마술을 배우고 자격증도 갖게 되었습니다. 처음에는 사람들 앞에서 마술을 보여 주는 것이 서툴렀고 실수도 많이 했지만, 계속해서 연습하고 여러 차례 공연을 하다 보니, 어느새 멋진 마술을 보여 주는 프로 마술사가 되었습니다.

저는 현재 대구에서 초등학교 방과후학교 마술강사로 활동하고 있습니다. 초등학생 친구들에게 다양한 마술을 가르치지만, 특히 학예회 같은 행사에서 공연을 할 수 있도록 지도하는 것에 가장 큰 보람을 느끼고 있습니다. 한번은 명절날을 맞이하여 직접 가르치는 학생들과 함께 노인복지센터에 가서 마술 공연을 하게 되었는데, 마술 공연을 마친 후 손주 같은 어린 학생들이 큰절을 하며 "할머니, 할아버지, 건강하세요."라고 인사를 드리자 "너희들도 건강하고 공부 잘하렴"이라며 답례해 주셨고, 어떤 한 어르신께서는 마술 공연을 처음 보신다고 말하시면서 공연 온 학생들에게 고마움을 표현하셨습니다. 이날 공연을 통해 많은 할아버지, 할머니들께서 즐거운 시간을 보내셨다는 내용이 지역 신문을 통해 알려지기도 했습니다.

저는 이 책을 통해서, 그동안 우리 친구들에게 가르쳤던 마술 중에서 가장 재미있고 멋진 마술을 골라 소개하려고 합니다. 이 책을 통해 배운 마술들을 여러 번 반복해서 연습하다 보면, 저보다 더 재미있고 멋진 연출 방법들을 알게 될 것입니다. 여러분, 자신감을 갖고 다양한 응용방법을 찾아보세요. 여러분이 멋지게 마술 공연을 성공했을 때, 여러분의 부모님, 친척, 친구들이 박수쳐 주고 즐거워하는 모습을 상상해 보면 너무너무 즐겁지 않나요? 선생님은 진심으로 여러분을 응원합니다. 어린이 마술사 여러분, 파이팅!

# 1. 컬러체인지 스트리머 마술

이 마술은 알록달록한 색상의 기다란 천(스트리머)이 검은색 천으로 바뀌고, 기다란 종이꽃과 멋진 지팡이를 만들어 내는 마술입니다.

마술사가 무대에서 긴 무지개 색 천을 꺼내 흔들어 보입니다. 그러자 천의 색깔이 점점 검게 변하고, 이어서 마술사가 천을 접어 손에 들고 마술을 걸면, 천 속에서 긴 지팡이와 알록달록한 종이꽃이 길게 뽑아져 나옵니다.

이 마술은 색상의 변화를 통해 시각적으로 화려한 느낌의 연출을 보여 줄 수 있는 마술입니다. 이 마술을 더 돋보이게 하기 위해서 스노스톰이라는 소모품을 사용하면 더 좋습니다. 스노스톰이란, 얇고 작은 크기의 종이들을 말하는데, 보통은 마술적인 현상이 일어났을 때, 화려하게 보이기 위해 마술사들이 많이 사용합니다. 스노스톰을 천에 넣고 연출을 하면, 천의 색깔이 바뀌는 과정에서 스노스톰이 마치 봄날 벚꽃 잎이 바람에 날리듯이, 또는 겨울에 눈발이 날리듯이 무대 위에서 마구 흩날리게 됩니다. 흰색 스노스톰을 사용할 수도 있고, 무지개 색 스노스톰을 사용할 수도 있습니다.

마술사가 어떻게 연출을 하느냐에 따라 관객의 입장에서 마술을 보는 느낌이 제각각 다를 수 있습니다. 여러 가지의 마술에 의미를 부여하고 나름대로의 연출 순서를 정하는 것을 루틴(routine)이라고 합니다. 천의 알록달록한 색깔이 검정색으로 바뀌고, 그 알록달록한 색깔이 종이꽃으로 바뀌어 나오는 루틴은 마술을 보는 관객으로 하여금 마술의 내용을 쉽게 이해하게 하는 짜임새 있는 연출이 됩니다. 여기에 또 다른 도구를 더해서 마술적 효과를 극대화할 수 있습니다. 저는 이 마술의 끝에 늘어나는 꽃과 지팡이가 나오는 것으로 루틴을 구성했습니다.

컬러체인지 스트리머는 검은색, 무지개 색만 있는 것이 아니고, 제품에 따라 다양한 색깔이 있을 수 있습니다. 내가 보여 주고자 하는 연출에 적합한 것을 선택하여 사용하면 됩니다. 여기에서 소개한 알록달록한 색상의 스트리머를 어떤 어린이 친구가 명절에 색동저고리를 입고 연출하는 모습을 본 적이 있는데, 복장과 마술이 잘 어울려서 훌륭한

연출이라고 생각했습니다. 여러분도 다양하게 응용해서 연출해 보기
바랍니다.

## 연출 멘트

① (스트리머를 보여 주며) 여기 알록달록한 천이 있습니다.

② 이 천을 흔들어 주면, 검은색 천으로 변합니다.

③ 이제 이 천을 잘 접고 마술을 걸면 멋진 지팡이가 나옵니다.

④ 다시 한 번 마술을 걸면! 줄줄이 긴 꽃이 나옵니다.

연출 영상　　　　해법 영상

# 2. 싱글 낫 & 마우스 코일 마술

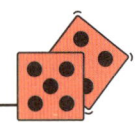

이 마술은 기다란 로프에 묶여 있는 매듭 부분이 움직이는 마술입니다.

마술사가 로프를 손에 들고 묶어 매듭을 만듭니다. 그리고 이 매듭 부분을 손으로 잡고 마술을 걸면 매듭이 로프의 위쪽으로 순간이동합니다. 마술사가 다시 로프의 매듭을 손으로 쥐고 움직이면 매듭이 사라집니다.

로프는 다양하게 응용해서 마술적인 현상을 보여 줄 수 있는 대표적인 소재 중 하나입니다. 두 개의 로프를 하나의 로프로 연결할 수도 있고, 잘린 로프를 이어 붙이기도 하고, 로프의 길이가 늘어나거나 줄어들기도 하며, 부드럽게 휘어지는 로프가 막대기처럼 딱딱하게 굳어 버리는 등 정말 많은 마술 현상을 보여 줄 수 있습니다.

로프의 매듭을 짓는 방법이 여러 가지가 있는데, 영상을 보면서 모두 따라 해 보고, 자신에게 가장 쉬운 방법을 골라 연습하는 것이 좋습니다.

이 마술과 함께 응용해서 사용하면 좋은 소품이 있습니다. 마우스코일이라는 마술 도구인데, 얇은 종이테이프가 손이나 입에서 계속 나오게 하는 것으로서, 1회용 소모품입니다.

매듭을 손에 쥐고 움직여서 사라진 것처럼 연출을 하고, 그 사라진 매듭이 마술사의 손 안에서 마우스코일을 이용하여 길게 뽑아져 나온다면 더 신기하고 재미있는 마술이 됩니다.

이 마술을 음악과 함께 말을 하지 않고 연출해도 좋지만, 이야기를 덧붙여서 말을 하면서 진행을 하는 것도 좋은 방법입니다. 마술을 보는 친구, 선생님, 가족 등 대상에 따라 적절한 스토리텔링이 더해지면 신기한 마술과 더불어 좋은 메시지를 전달할 수 있습니다.

이 마술을 할 때, 개인적으로 좋아하고 자주 사용하는 스토리텔링을 소개합니다.

'평평한 길을 걷다 보면 가끔 이렇게 돌이나 장애물처럼, 걸음을 멈추게 하는 다양한 문제점들이 생기게 됩니다. 이러한 일들은 우리의 일상생활 속에서도 많이 있습니다. 이렇게 뭔가 막혀 있거나 걸려 있는 부분을 없애려 해도 쉽게 없어지지 않을 때가 있습니다. 하나의 문제를 해결하면, 또다시 다른 문제가 나타날 수 있습니다. 하지만 포기하지 않고, 그 문제를 해결하려고 노력한다면 결국 여러분의 앞을 막는 이런 장애물들은 사라질 것입니다. 그리고 반복되는 노력은 쌓이고 쌓여 큰 문제들을 해결하는 데 필요한 밑거름이 될 것입니다. 여러분을 응원합니다.'

## ✨ 연출 멘트

① (로프를 양쪽으로 잡아당기며) 길고 튼튼한 로프 하나가 있습니다.

② (매듭 하나를 만들어 매듭 부분을 툭툭 건드리며) 이 로프에 매듭을 하나 만들겠습니다. 보이는 것과 같이 매듭은 풀리지 않습니다.

③ (관객에게 매듭을 잡혀 주며) 매듭을 아래로 당겨 보시겠습니까?

④ (매듭의 끝을 발로 밟고 로프를 힘차게 당겨 이동하는 매듭을 노출하며) 이제 로프를 이렇게 문지르면 매듭은 위로 이동합니다.

⑤ (손에서 로프를 빼고 풀어 보이며) 로프를 말아 신호를 주었더니 짜잔~ 매듭이 사라졌습니다.

⑥ (이동하는 매듭을 노출시키며) 과연 매듭이 사라졌을까요? 사실 매듭은 여기에 있습니다.

⑦ (매듭을 주먹 쥔 손에 넣고 마우스 코일을 뽑아내며) 이 매듭을 여기 주먹 쥔 손에 잘 넣고 신호를 주면 이렇게 긴 줄이 계속 나오는 마술이었습니다.

연출 영상          해법 영상

# 3. 코미디 부채 & 밀크피처 마술

이 마술은 종이로 만든 고깔에 우유를 붓고, 고깔에 부채를 부치며 마술을 걸면 우유가 흰색 꽃가루로 변해 날리는 마술입니다.

코미디 부채는 일반 부채의 구조와 달리, 어느 방향으로 펴느냐에 따라 정상 부채로 보이기도 하고, 한편으로는 망가진 것처럼 보이기도 하는 부채입니다. 일반적으로, 고장 난 부채에 마술을 걸어 정상 부채로 만드는 코믹한 연출을 하는 데 많이 사용되는 도구입니다.

밀크피처라는 마술 도구는, 우유가 담겨 있는 컵에 이중구조로 장치가 되어 있는 특수한 마술 소품입니다. 우유가 실제 컵의 1/5 정도만 있어도, 겉으로 보기에는 컵에 우유가 가득 찬 것처럼 보일 수 있습니다. 도구에 따라 물컵 사이즈부터 큰 3000cc 맥주 피처 사이즈까지 모양과 크기가 다양하며, 컵에 가득 찬 우유를 다른 컵이나 모자, 그릇에 붓는 것처럼 연출하는 데 사용합니다. 하지만 실제로는 우유가 부어지지 않으며, 컵의 벽면에 있던 우유가 구멍을 통해 컵의 가운데로 모이는 구조로 되어 있습니다.

이번 편에서는 이 두 가지 마술 도구를 함께 사용하여 연출하는 방법을 안내합니다.

마술사가 도화지나 신문 등 종이를 이용해 고깔 모양으로 만듭니다. 그리고 우유가 담겨 있는 것처럼 보이는 컵을 들고 종이 고깔 안에 붓는 것처럼 연출합니다. 망가진 부채를 정상적인 부채로 고치는 마술을 보여 주고 나서, 고깔에 부채질하니 우유가 사라지고 흰색 꽃가루가 부채 바람에 날리며 멋진 마술이 완성됩니다. 이 꽃가루는 사전에 준비해 미리 넣어 둔 스노스톰입니다.

저는 이 마술을 공연의 마지막 부분에 자주 사용하는 편인데, 부채로 부채질하여 우유가 아닌 뜻밖의 스노스톰이 나온다면 꽃가루가 무대를 가득 채우며 날리는 모습이 마술 공연의 엔딩에 적합하다고 생각했기 때문입니다. 어울리는 음악을 선정하여 멋지게 연출해 보시기 바랍니다.

## 연출 멘트

① 여기 빨간색 종이가 있습니다. 보이는 것과 같이 일반 종이입니다.

② 이 종이를 깔때기처럼 말겠습니다. 그리고 우유가 가득 든 컵이 있습니다. 이 우유를 종이에 따르겠습니다. (컵의 우유를 종이에 따르는 척 연기하며) 자! 보세요. 우유가 많이 따라졌죠.

③ (컵을 봉투 아래에 대면서) 앗! 봉투에서 우유가 흘러나오지 않네요.

④ 여기, 빨간색 부채가 있습니다. (부채를 떨어지게 펼치며) 이상하네요. 부채가 왜 이렇죠? 한 번 더 펼쳐 볼까요? 부채가 고장이 났나 봐요.

⑤ 아하~ 부채에 마술을 걸어야겠군요! (부채에 마술을 거는 연기를 하고 나서) 짜잔~ 부채가 정상으로 돌아왔네요.

⑥ (봉투에 부채질하여 스노스톰을 나오게 하며) 이 부채로 종이봉투에 부채질하면 우유가 아름다운 꽃가루로 변했네요.

연출 영상　　　　해법 영상

26

# 4. 신호등 마술

이 마술은 신호등처럼 세 가지 색상의 공을 통 안에 넣고 마술을 걸면, 공의 순서가 바뀌어 있는 알쏭달쏭한 마술입니다.

마술사가 신호등 통(원통)에 빨간 공을 통과시키며 통 안이 비어 있음을 보여줍니다. 그리고 신호등 순서에 맞게 초록색 → 노란색 → 빨간색 순서로 공을 넣습니다. 이어서 신호를 주고 통을 빼자 빨간색 → 초록색 → 노란색으로 빨간색 공의 순서가 바뀌어 있습니다. 몇 번을 해 봐도 빨간 공의 순서가 다릅니다. 마술사는 통에서 빨간색 공을 꺼내 옆에 있는 상자에 집어넣습니다. 뚜껑을 닫고 상자에 마술을 걸어줍니다. 그리고 나서 상자를 열자 상자의 빨간색 공이 사라지고 없습니다. 빨간색 공은 어느새 순간이동을 하여 통에 들어와 있습니다.

'신호등 마술'은 간단한 마술이며, 누구나 금방 할 수 있을 만큼 단순

27

한 트릭이 숨겨져 있습니다. 이렇게 공이나 물체가 순간이동을 하여 위치가 바뀌는 마술은 매우 다양한 방법으로 연출되는 마술 중 하나입니다. 하지만 우리의 일상생활 속에서 자주 볼 수 있는 신호등이라는 소재를 통해 마술사는 관객과 쉽게 대화를 나누며 마술을 진행할 수 있습니다.

예를 들어, 신호등의 색이 가지는 의미를 묻는 간단한 질문부터, 신호등의 역사나 신호등을 무시하면 안 되는 이유 등 다양한 설명도 할 수 있습니다. 이렇게 관객과 대화를 나누며 진행하는 마술을 '팔러 매직'이라고 합니다. 숙련된 마술사는 빨간 공을 가지고 관객들의 직접적인 마술 참여를 유도할 수 있습니다. 빨간 공의 위치를 묻거나, 함께 순간이동 주문을 외우는 등 다양한 방식이 있습니다. 공을 관객이 직접 만져 보게 하는 등의 연출은 관객과의 직접적인 소통에 있어서 매우 좋은 방법입니다.

이 책을 보는 독자님들도 창의적인 다양한 방법으로 관객과 소통하여 언어의 마술사가 되어 보시기 바랍니다.

① 신호등 통이 있습니다. 빨간색 공을 떨어트려 보겠습니다. (빨간색 공을 아래로 여러 차례 떨어트리며) 보시는 것같이 빨간 공이 잘 통과합니다.

② 여기 투명한 통이 하나 더 있네요. 신호등 통을 투명 통에 씌우고 (신호등 통을 투명 통에 씌우며) 신호등 색상에 맞게 순서대로 공을 넣어 보겠습니다.

③ (신호등 색상과 일치시켜 보이며) 먼저 초록 공, 다음 노란색 공, 그다음 빨간색 공을 넣겠습니다. 그리고 마술의 주문을 걸어 주면 ~ (투명 통 안에 공의 색상을 보며) 빨간색 공이 맨 아래로 내려가 있네요.

④ 그렇다면 이번엔 공을 탑 쌓아 이대로 넣어 볼까요. (신호등 통의 색상과 공 색상을 서로 맞게 탑을 쌓아 신호등 통에 넣으며) 하지만 빨간색 공이 역시 아래로 내려가 있습니다. (결과를 확인하며)

⑤ 이 빨간색 공이 자꾸만 아래로 내려가니까 빨간색 공만 빼고 나머지는 통에 두겠습니다. (빨간색 공을 빼고 나머지 공은 그대로 두며)

⑥ 그럼 이 빨간색 공은 옆에 있는 빨간색 상자에 잠시 넣어 두고 뚜껑을 닫은 다음, 상자에 마술을 걸어 주면~ (빨간 상자에 빨간색 공을 넣고 마술을 걸어 주며)

⑦ 과연 어떻게 되었을까요. 짜잔~ 빨간 공이 사라졌습니다. 정말인지 신호등 통을 열어 보겠습니다. 보시는 것같이 빨간 공이 순간 이동했네요. (신호등 통과 빨간 상자를 열어 확인시키며)

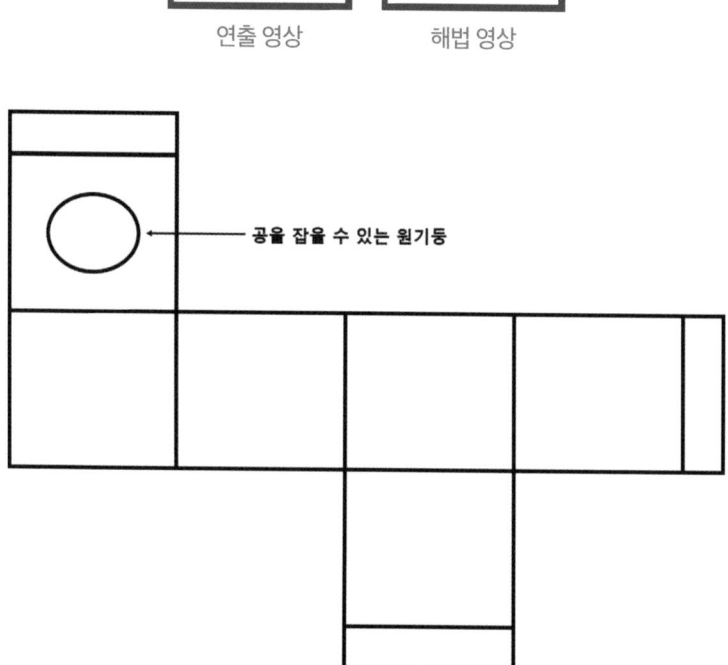

연출 영상          해법 영상

공을 잡을 수 있는 원기둥

# 5. 컬러체인지 샴페인 마술

이 마술은 샴페인 잔 안에 들어 있는 음료의 색깔이 여러 번 바뀌는 마술입니다.

마술사의 손에는 물이 가득 들어 있는 샴페인 잔이 있습니다. 샴페인 잔을 손수건으로 문질러 주면 물은 빨간색 토마토 주스로 변합니다. 손수건으로 다시 샴페인 잔을 문질러 주면 노란색 레몬주스로 바뀌고, 다시 한 번 마술을 걸면 초록색 녹즙으로 바뀌었네요. 마지막으로 다시 한 번 마술을 걸면 다시 물로 돌아오는 마술입니다.

색상의 변화는 관객들이 가장 이해하기 쉬운 마술적 현상 중 하나입니다. 관객들의 시선을 샴페인 잔에 집중시키고, 손수건을 문지른다는 단순한 동작만으로도 색깔이 바뀐다는 것은 관객들에게 강한 인상을 남기기에 충분합니다.

이 마술은 착시효과를 일으키는 단순한 트릭(비밀)을 가지고 있습니다. 조금만 연습을 해도 금방 무대에서 여러 사람을 대상으로 멋진 마술을 보여 줄 수 있습니다. 하지만 관객의 위치에서 마술사를 바라보는 각도에 따라 마술의 비밀이 노출될 수 있기 때문에 너무 가까이에서 연출을 하는 것은 바람직하지 않습니다.

마지막 연출에서 마술의 트릭을 손수건을 이용해 제거하는 방법으로, 이 마술을 더욱 완벽하게 연출할 수 있습니다. 샴페인 잔에 담겨 있는 음료의 색상이 여러 번 바뀌고 나서, 마지막에는 투명한 물만 남아 있게 한다면, 관객들은 절대로 마술의 비밀을 알아내지 못할 것입니다.

이 마술은 단순하지만, 시각적으로 효과가 좋은 마술이어서 연습을 충분히 하고 무대에서 자신감 있게 보여 준다면 큰 호응을 얻을 수 있을 것입니다. 관객의 시선을 사로잡고 싶다면 컬러체인지 샴페인 마술을 꼭 해 보시기를 바랍니다.

## 연출 멘트

① (물이 있음을 강조하며) 와인 컵에 물이 있습니다.
② (손수건으로 컵을 닦고 빨간색을 보여 주며) 제가 손수건으로 컵

을 닦으면, 짜잔~! 토마토 주스가 됩니다.

③ (손수건으로 컵을 닦아 주며) 이번에는 어떤 색으로 변할까요? 기대해 주세요.

④ (노란색을 보여 주며) 자! 보세요. 레몬주스가 되었습니다.

⑤ (손수건으로 컵을 닦으면서 관객과 대화를 나누며) 이번에도 맞춰 보시겠습니까? 어떤 색으로 변할까요?

⑥ 와우~! 녹즙이 되었네요. (녹색을 보여 주며)

⑦ (손수건으로 컵을 닦아 주며) 이제 마지막으로 한 번 더 맞춰 보시겠습니까? 어떤 색으로 변할까요?

⑧ (은색을 보여 주거나 필름을 빼며) 짜잔~! 원래대로 물이 되었네요.

연출 영상

해법 영상

# 6. 잘리지 않는 신문지 & 스노 파우더 마술

물과 신문지를 이용한 멋진 마술입니다.

마술사가 종이컵에 물을 부어서 테이블 한켠에 두고 나서, 관객들에게 기다란 신문지를 보여 줍니다. 그리고 신문지를 반으로 접은 후 가위로 자릅니다. 신문지를 들고 펼치면, 신문지는 잘리지 않고 그대로 있습니다. 다시 한 번 더 신문지를 접어 가위로 잘라도 여전히 신문지는 그대로입니다. 이번에는 신문지를 돌돌 말아 윗부분에 여러 번 가위질을 합니다. 그리고 나서 돌돌 말린 신문지의 끝부분을 손으로 잡아당기면 신문지가 길게 뽑아져 나오며, 이 모습이 마치 나무처럼 보입니다. 마술을 시작할 때 종이컵에 담아 두었던 물이 어느새 하얗게 눈처럼 변해 있습니다. 마술사는 신문지 나무를 컵에 꽂고 관객들의 소망을 적은 메모지를 붙여 소망 나무로 만듭니다.

이 마술은 마술에 사용할 신문지를 직접 만들어야 하는 제작형 도구 마술입니다.

이 마술에서 종이컵에 담겨진 물이 눈처럼 변하게 하는 것은 '스노 파우더'라고 하는 분말 소품을 사용합니다. 일반적으로 마술용품점에서 쉽게 구할 수 있습니다. 스노 파우더는 고흡수성수지라는 것을 원료로 사용하는데, 이것은 자신의 부피보다 수십 배 많은 양의 물을 끌어당기는 성질을 가지고 있습니다. 제조하는 방식에 따라, 하나의 덩어리로 뭉쳐지게 하는 '슬러시 파우더'라는 소품이 있고, 이번 마술에 소개한 것처럼 눈처럼 만들어 주는 '스노 파우더'가 있습니다.

컵 안에 미리 스노 파우더를 넣어 두고, 관객들 앞에서 비어 있는 종이컵에 물을 붓는 것처럼 연기를 하는 것입니다. 물이 스노 파우더를 만나서 눈처럼 변하는 데 약간의 시간이 필요합니다. 이 시간동안 신문지 마술을 보게 되고, 신문지 마술이 끝나고 나서 종이컵을 보았을 때, 분명히 물을 부었는데 눈처럼 바뀌어서 한 번 더 신기해합니다. 그리고 컵 안에 눈가루가 가득 차게 되어서 신문지 나무를 꽂았을 때, 쓰러지지 않게 지탱해 주는 역할을 하게 됩니다. 준비과정에서, 종이컵 안에 먼저 풀을 발라 놓고 스노 파우더를 넣으면, 풀에 스노 파우더가 붙어 있게 되기 때문에 종이컵을 뒤집어 놓을 수 있습니다.

이 마술에는 스노 파우더라는 과학적인 원리가 담겨 있고, 각자의 연출에 따라 관객들에게 희망의 메시지를 전해 주는 스토리텔링을 할 수 있습니다. 이렇게 마술을 통해 관객들에게 희망과 과학적 원리를 전달하는 것은 매우 의미 있는 일입니다.

이런 마술은 단순한 시각적 즐거움을 넘어서, 관객들에게 놀라움과 감동을 주며, 함께 나눌 수 있는 소중한 메시지를 전달합니다. 마술사와 관객이 함께 소망 나무를 완성해 가는 과정은 모두에게 특별한 기억으로 남을 것입니다.

## 연출 멘트

① (빈 컵을 보여 주고 컵에 물을 따르며) 여기 빈 컵이 하나 있습니다. 이 컵에 물을 따라 놓겠습니다.

② (신문지를 반으로 접어 자르고 신문지 자른 조각을 보여 주며) 그리고 신문지 하나가 있습니다. 제가 이 신문지를 자르겠습니다.

③ (신문지를 자르고 신문지를 펼치며) 보이는 것과 같이 신문지를 잘랐습니다. 하나, 둘, 셋, 어! 신문지가 분리되지 않습니다.

④ 혹시 제가 신문지를 조금 잘라서 그런 건 아닐까요? (신문지를 조금 더 많이 잘라 내며) 이번엔 많이 잘라 보겠습니다.

⑤ 분명 신문지는 잘렸습니다. 다시 마술을 걸며, 하나, 둘, 셋! (신문 지를 자르고 신문지를 펼치며) 어! 이번에도 신문지는 분리되지 않습니다.

⑥ 이 신문지를 돌돌 말아 이렇게 윗부분을 자르겠습니다. (신문지 를 자르고 윗부분부터 점차 길게 빼내고 보여 주며) 신문지의 윗 부분을 빼면 이것이 무엇으로 보이나요?

⑦ 네~ 맞습니다. 나무입니다, 나무가 성장하려면 뭐가 필요할까요? (관객과 대화를 나누며)

⑧ 네~ 맞습니다. 물입니다. (컵 쪽을 가리키며) 어! 아까 종이컵에 물을 따라 놨었는데, 여기 종이컵에!

⑨ 여러분, 물이 눈으로 바뀌었습니다. 믿어지시나요. 보세요. 눈이 에요. 여기에 신문지 나무를 꽂아 보겠습니다. 이 나무는 소망의 나무입니다. 여러분의 소망은 무엇인가요? (컵 안의 눈으로 변한 모습을 보여 주며 청소년들의 소망을 몇 가지 붙이며)

연출 영상

해법 영상

# 마술 공연 발표회 준비

마술을 배우는 여러분에게는 다양한 장소에서 여러 사람들 앞에서 멋진 마술 공연을 할 수 있는 기회가 많이 있습니다. 학교에서 학예발표회를 할 수도 있고, 학교 축제 무대에서도 공연을 할 수 있습니다. 교실이나 소풍을 가서 장기자랑을 할 수도 있고, 친구의 생일파티나 크리스마스 파티에 초대되어 공연을 할 수도 있습니다. 여러 형태로 크고 작은 무대가 여러분 앞에 펼쳐질 것입니다. 이번 편에서는 여러분이 그동안 열심히 연습한 마술을 많은 사람들 앞에서 성공적으로 보여 주기 위해 꼭 알아야 할 것들에 대해서 안내합니다.

## 1) 마술 공연 계획

예를 들어, 여러분이 학교에서 학예발표 공연을 준비한다고 가정하고, 몇 가지 확인해야 할 사항이 있습니다. 먼저, 공연 시간과 순서에 따라 여러분이 공연하게 될 무대에 적합한 마술을 선택해야 합니다. 마술 선정 외에도 무대에서 사용할 소품이나 장치를 활용할 수 있는지, 관객석의 위치가 무대와 나란한지 아니면 낮은 곳에 있는지, 조명은 어떤지 등을 확인하고, 공연 시작과 종료 후 무대를 신속하게 정리할 방법을 계획해야 합니다. 그래서 일반적으로 학교에서는 실제 공연 전날 미리 리허설을 해 보는 경우가 많습니다.

첫 번째, 공연 시간을 잘 확인해야 합니다. 나에게 주어진 시간에 맞게 공연을 준비해야 합니다. 주어진 시간에 비해 여러분의 마술 공연이 너무 일찍 끝나거나 너무 늦게 끝나게 되면, 전체 일정에 차질이 생기게 되기 때문에 공연 시간을 지켜 주어야 합니다. 가능한 주어진 시간 내에 딱 맞게 마술을 준비하고, 연습하는 것이 좋습니다.

두 번째, 공연 순서를 미리 알고 있어야 합니다. 공연순서를 알고 있어야 공연 준비과정에서 적절한 준비를 할 수 있습니다. 사회자가 여러분의 공연을 소개하고 나서 미처 준비가 마무리되지 않은 채 허둥지둥 무대로 나가는 일이 없도록 미리 준비를 하여 대기하는 것이 좋습니다. 나의 공연 순서 앞과 뒤에 발표를 하는 다른 친구들이 의상을 갈아입거나 소품을 준비하고 철수하는 데 방해가 되지 않도록 잘 준비해야 합니다.

세 번째, 어떤 마술을 선택해서 공연을 할 것인지를 결정하는 것은 매우 중요합니다. 여러분이 공연하게 될 무대에 적합한 마술을 선택해서 준비해야 합니다. 학교 강당처럼 큰 무대에서 카드 마술이나 동전 마술 같은 작은 마술을 선택하면 관객들에게 마술이 잘 보이지 않습니다. 반대로 좁은 장소에서 너무 큰 마술을 준비하면, 여러 가지 불편한 일이 생기기도 하고, 마술의 비밀이 노출되기도 합니다.

네 번째, 무대 주변 시설을 확인하고 적절히 활용할 수 있어야 합니다. 무대 뒤 커튼에 공연 테이블을 미리 가져다 놓고 대기할 수 있다든지, 여러분이 어디에 대기하고 있다가 등장을 하는 것이 좋은지, 공연이 끝나고 나면 어느 쪽으로 나가야 다음 공연 순서를 방해하지 않는지 등을 눈여겨보아야 합니다,

다섯 번째, 관객석의 위치를 확인해야 합니다. 관객의 시선이 아래에서 위를 보게 되는지, 위에서 아래를 보게 되는지, 마술사와 관객석의 눈높이가 같은지에 따라 마술의 비밀이 노출되지는 않은지 잘 확인해야 합니다. 관객의 시선에서 무대 위치를 바라보고, 여러분이 어디에 위치하는 것이 가장 좋은지 판단해야 합니다.

여섯 번째, 무대 조명을 확인해야 합니다. 마술의 내용에 따라 조명을 어둡게 하는 것이 좋거나, 반대로 아주 밝게 하는 것이 좋을 수 있습니다. 때로는 화려하게 조명의 색깔이 바뀌는 게 더 좋을 수도 있고, 여러분에게 집중되는 핀 조명이 도움이 되는지, 오히려 방해가 되는지도 살펴봐야 합니다.

일곱 번째, 공연 시작 전 무대 세팅 시간과 공연을 마친 뒤에 소품을 철수하는 정리시간도 확인해야 합니다. 특히 공연 도구들을 세팅하고 철수하는 과정에서 내가 혼자 할 수 있는지, 친구 혹은 스태프의 도움을 받을 수 있는지 미리 확인하고 적절한 도움을 받으면 더 안정적이고 좋은 공연을 할 수 있습니다. 여러 명이 함께 공연 세팅을 하거나 뒷정리를 하는 경우, 각자 어떤 도구를 정리할지 역할을 나누는 것이 좋습니다.

이처럼 공연에 필요한 다양한 것들을 미리 확인하고 잘 준비한다면 더 성공적인 공연을 할 수 있을 것입니다.

### 2) 마술 선정

이제 여러분이 선보일 마술 선정에 대해 알아보겠습니다. 먼저, 혼자서 공연을 할 것인지, 친구와 함께 할 것인지 생각해 봅니다. 그리고 자신이 가장 잘할 수 있는 마술을 선택하는 것이 중요합니다. 강당과 같은 큰 무대에서 공연을 하게 된다면, 멀리 있는 관객에게도 잘 보이는 마술을 선택하는 것이 좋습니다.

어떤 주제와 내용으로 공연을 할 것인지 구체적으로 생각해봅니다. 마술 공연은 시각적으로 즉시 이해할 수 있는 퍼포먼스가 좋습니다. 또한 단순히 여러 개의 마술을 나열해서 보여 주는 것보다는, 일정한 스토리를 가지고 마술과 마술이 서로 연결되는 것이 좋습니다. 이것을

'루틴'이라고 하는데, 여러 개의 마술을 자연스럽게 이어 갈 수 있는 흐름을 말합니다.

앞서 소개한 마술로 예를 들어 보겠습니다.

**a. '컬러체인지 스트리머 마술'**을 이용해 '플로팅 장미'라는 마술을 연출할 수 있습니다. 플로팅 장미 마술은 장미꽃의 색깔을 바꿀 수 있고, 장미가 공중에 떠 있는 것처럼 연출할 수 있는 마술입니다. 장미꽃을 공중에 떠 있는 것처럼 연출할 때, 마술의 트릭이 노출되지 않도록 큰 손수건이나 기다란 천을 사용해야 하는데, 이때 기다란 천 대신 컬러체인지 스트리머를 사용하는 것입니다. 그러면 플로팅 장미 마술을 마치고 나서 장미를 내려놓고 자연스럽게 컬러체인지 스트리머 천을 이용해서 다른 마술로 연결해 나갈 수 있습니다.

**b.** 컬러체인지 스트리머의 색깔이 바뀌는 마술을 하고 나서, 스트리머에서 늘어나는 꽃이나 어피어링 케인 마술을 이어서 할 수도 있습니다.

**c.** 이어서 검은색의 천이라는 특징을 살려서 마무리 단계에서 흰색으로 메시지(박수, END, 사랑해요, 화이팅 등)이 나온다면 마술에 연결성이 부여되어 깔끔하고 짜임새 있는 무대가 됨과 동시에 시각적으로 명확한 메시지를 보여 줄 수 있게 됩니다.

만약 마술 공연을 혼자 하지 않고 친구랑 함께 한다면, 서로의 역할을 나누어 협동할 수 있는 마술들을 선택할 것을 추천합니다. 몬테 자이언트 카드, 딜라이트 마술 등 다양한 마술들이 있습니다. 동작을 함께 맞출 수 있는 도미노 카드, 꽃과 스카프, 드림 백 마술도 좋습니다.

### 3) 음악 선정

마술과 잘 어울리는 음악을 선정하는 것은 공연의 완성도를 높이는 데 중요한 요소입니다. 음악의 흐름에 맞추어서, 음악의 포인트나 클라이맥스 부분에서 물건이 변하거나 나타나고 사라지는 등의 변화를 보여 주면 훨씬 극적인 효과를 줄 수 있습니다. 마술과 어울리는 음악은 관객들을 더 몰입시키는 데 도움이 됩니다.

좋은 음악을 선정하는 두 가지 요령이 있습니다. 내가 좋아하는 음악을 선택하고 그 음악에 맞춰 마술 연출을 구상하는 방법과, 연출을 구상한 후에 어울리는 음악을 찾는 방법입니다. 여러분에게 더 편하고 좋은 방법으로 하면 됩니다.

### 4) 무대 마술 연습과 유의사항

무대 마술 공연 연습을 할 때, 가급적 큰 거울 앞에서 연습을 하는 것이 좋습니다. 거울을 보면서 트릭 부분이 노출되는지 확인하면서 연습하면 실제 무대에서 더 완성도 높은 공연을 할 수 있습니다. 스마트폰으로 마술 연출 과정을 동영상으로 촬영하여 확인하면, 미처 내가 알지 못했던 부분까지 확인할 수 있어서 좋습니다. 이 과정은 무대 마술 연습을 위해 반드시 필요한 과정입니다.

무대 마술은 마술사가 말을 하지 않고 음악과 동작을 통해 마술을 보여 주는 것입니다. 때문에 연기가 중요한데요, 관객의 시선을 끌거나 좀 더 자연스럽게 보여 주기 위해서, 말없이 마술을 설명한다는 생각으로, 마치 말없이 동작과 표정으로 관객에게 대화를 건네듯 연기해 보려고 노력해야 합니다. 그리고 마술을 완성했거나 주요 포인트일 때 시선을 관객 쪽을 향하거나 마술 현상을 강조하는 액션을 취하면 훨씬 임팩트 있고 좋은 퍼포먼스를 연출할 수 있습니다.

가족들이나 친구 앞에서 시연해 보면서 피드백을 받아 보는 것도 좋은 방법입니다. 그들의 평가를 참고하여 불필요한 부분을 줄이거나 보완하면, 마술의 완성도와 짜임새가 높아져 자신감 있게 공연할 수 있습니다.

여럿이 함께 역할을 나누어 단체 마술을 하는 경우가 있습니다. 이런 경우 서로 호흡을 맞춰서 한다는 것은 좀 더 많은 연습이 필요합니다. 옆 사람의 마술 속도를 맞추거나 사인으로 동작을 맞춰야 하는 어려움이 발생하는데, 적절하게 역할을 분담하고 서로 의지하면서 연습에 많은 시간을 투자해야 합니다.

### 5) 클로즈업 마술, 팔러 마술 연습 및 유의사항

주사위, 동전, 카드 등 작은 소품을 이용해 가까이에서 보여 주는 마술을 클로즈업 마술이라고 합니다. 프로 마술사들이 공연장에서 클로즈업 마술을 하는 경우에 카메라와 스크린을 사용하는 경우가 많습니다. 하지만, 여러분이 클로즈업 마술 공연을 하고자 할 때, 일반적으로 이런 지원이 가능하지 않은 경우가 더 많습니다. 그렇다면, 마술 도구의 사이즈가 조금 큰 마술을 사용하거나, 관객과 대화를 나누며 관객이 직접 공연에 일부분 참여할 수 있는 마술을 준비하는 것이 좋습니다. 이런 마술을 팔러 마술이라고 합니다.

앞서 소개한 신호등 마술은 도구 자체도 크고 색상이 금방 눈에 띄어서 멀리 있는 관객도 잘 보이며 관객과의 대화를 하며 진행하기에도 적합한 마술입니다. 이렇게 관객과 대화를 나누며 진행하는 마술을 준비할 때는 계획적인 대본이 필요합니다. 그래서 먼저 대본을 작성하여 정중하고 설득력 있는 말투로 연습하고 관객과의 대화 속에 즉흥적인 대답도 예상하여 연습하면 좋습니다. 이러한 마술을 잘하기 위해서는 평소 주변 사람들에게 자주 마술을 보여 주며 대화의 흐름을 자연스럽게 연습하는 것이 도움이 됩니다.

### 6) 마술 공연의 봉사활동

마술 공연을 통해서 우리 주변의 이웃들을 위해서 봉사 공연을 하는 것은 매우 바람직한 일입니다. 10번의 연습보다 1번의 실전 경험이 여러분의 마술 실력을 높이는 데 더 도움이 됩니다. 봉사 공연과 같은 경험을 통해 여러분은 뿌듯한 성취감과 자신감을 얻을 수 있습니다. 이렇게 봉사 공연을 하는 청소년 마술사들이 사실 많습니다. 여러분도 열심히 연습을 해 보고, 용기를 내어 다양한 장소에서 마술 공연을 계획하고 실천하여 다른 사람들에게 기쁨을 주는 멋진 청소년 되시길 바랍니다.

# 박윤아

프롤로그

여러분 반갑습니다! 저는 행복 마술사 박윤아입니다.

저의 아빠는 마술사입니다. 마술사의 딸로서 처음 마술에 관심을 갖
게 된 것은 초등학교 6학년 때였습니다. 아빠의 마술 공연을 보면서 마
술이 재미있고 신기하다는 생각이 들어 아빠처럼 마술사가 되겠다는
꿈을 갖게 되었습니다. 그때는 꼬마 마술사로서 다양한 청소년 행사나
대회에 참가하며 상도 많이 받았지만, 사춘기 시절을 겪으면서 마술사
가 아닌 다른 꿈을 갖게 되어 더 이상 마술을 하지 않게 되었습니다.

마술과는 완전히 다른 치위생과라는 진로를 선택해 대학교에 갔지
만, 코로나19라는 어려운 상황 속에서 대학 생활이 전혀 즐겁지 않았습
니다. 결국 학교를 휴학하고, 아르바이트를 하면서 꿈과 미래에 대한
고민이 많았을 때, 아빠는 저에게 다시 마술을 해 보라고 말씀해 주셨
습니다. 그렇게 다시 아빠를 따라 다니면서 마술 공연을 보고, 조금씩
보조 역할도 하면서 다시 마술에 관심을 갖게 되었고, 그동안 잊고 있

었던 마술사로서의 꿈을 다시 갖게 되어 설레고 행복했습니다.

마술 선생님으로서 자격증도 갖게 되었고, 다시 시작한 마술사로서의 첫 시작은 지역아동센터였습니다. 이곳에서 아이들에게 마술을 보여 주고, 가르쳐 주는 일을 하며 아이들이 재미있어하는 모습을 보면서 저도 참 즐겁고 행복했습니다. 그래서 더 전문적으로 많은 아이들에게 마술을 가르쳐 주는 선생님이 되고 싶다는 생각을 하고, 초등학교 방과후학교 강사로서 본격적인 활동을 하게 되었습니다.

초등학교에 마술 선생님으로 수업을 나가면서 처음에는 나 자신이 뿌듯하기도 하고, 아이들을 가르치는 것이 마냥 즐겁고 행복했지만, 한편으로는 '내가 지금 잘하고 있는 걸까?'라는 걱정을 하기도 했습니다. 하지만 첫 공개수업을 통해 나에게 마술을 배운 아이들과 부모님 모두가 즐겁고 행복해하는 모습을 보면서, 마술사로서의 꿈을 다시 갖게 되어 설레고 행복했을 때보다 더 벅찬 감동을 느낄 수 있었습니다.

그렇게 2년간 초등학교 방과후학교 수업을 하다 보니 무대에서 멋지게 마술 공연을 해 보고 싶다는 새로운 꿈을 갖게 되었습니다. 마술 선생님이 아닌 '마술사 박윤아'로서 무대에 서고 인정도 받고 싶었습니다. 그래서 열심히 공연 연습을 했고, 드디어 무대에서 10분간 공연을 하게 되었습니다. 온통 실수투성이었던 첫 공연이었지만 저에겐 정말 큰 자극과 경험이 되었습니다. 그 이후로 10분이었던 무대 공연이 20분, 30분 늘어나게 되었고, 다양한 무대에서 '마술사 박윤아'라는 이름이 조금씩 알려지기 시작했습니다. 초등학교에서도 우수강사로서 인정을 받게 되어 마술과 함께하는 하루하루의 삶이 행복합니다.

지난 3년간 마술사, 그리고 마술강사로 활동하면서, 더 큰 꿈을 갖고, 그 꿈을 이루기 위해서 최선을 다해 노력하고 있습니다. 저는 많은 사람들에게 웃음을 주고 신기한 마술을 보여 주면서, 사람들에게 행복을 주는 마술사 박윤아로 기억되기를 바랍니다.

이 책을 보는 우리 청소년 친구들에게도 마술사로서 함께 멋진 꿈을 이루어 가자고 응원하고 싶습니다. 여러분도, 그리고 저도 할 수 있습니다.

# 7. 신문지 물 붓기 마술

이 마술은 신문지를 접어 물을 붓고 사라지게 한 다음, 다시 물이 나타나게 하는 마술입니다.

마술사는 신문지에 아무 이상이 없다는 걸 보여 준 뒤 신문지를 반쯤 접어 물을 붓습니다. 하지만 신문지는 물에 젖지 않고 마술사가 신문지를 완전히 뒤집어도 흘러내리지 않습니다. 물이 완전히 사라진 것입니다. 하지만 마술사가 신문지에 마술을 걸면 사라졌던 물이 다시 돌아와 컵에 물을 부을 수 있는 마술입니다.

이 마술은 우리의 일상생활 속에서 쉽게 접할 수 있는 물과 신문지를 이용한 마술로서, 누구든지 금방 배워서 할 수 있는 마술입니다. 종이와 같은 신문지는 물과 만나게 되면 젖거나 찢어지는 재질이지만, 이 마술은 종이에 물을 부으면 젖는다는 고정관념을 깨는 창의적인 과학의 원리를 이용한 것입니다. 무대에서 선보일 때 호응도가 높고 관객의 반응이 좋은 마술 중 하나입니다.

저는 신문지 물 붓기 마술을 주로 공연 초반에 사용합니다. 사물이 사라졌다가 다시 나타나는 마술은 사람들의 집중력을 끌어올리기에 좋고, 사라졌던 사물이 다시 나타나는 순간 관객들의 반응을 유도하기가 쉽습니다. 장소에 제한받지 않고 준비물도 쉽게 구할 수 있어서 충분히 연습만 한다면 누구나 쉽게 할 수 있으므로 충분히 도전해 볼 수 있는 멋진 마술입니다.

 **연출 멘트**

① 여기 신문지가 있습니다.
② 신문지에 물을 부어 보겠습니다.
③ 우와! 물이 사라졌네요!
④ 사라진 물을 다시 나타나게 해 보겠습니다.
⑤ 수리수리 마수리 얍.
⑥ 사라졌던 물이 나타났습니다!

연출 영상 해법 영상

# 8. 타벨콘 마술

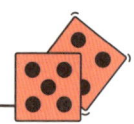

이 마술은 고깔모자 모양의 빈 종이봉투에서 여러 개의 반짝이 줄이 나타나는 마술입니다.

마술사가 큰 종이봉투를 가지고 나온 뒤, 앞뒤로 아무것도 없음을 확인시켜 주고 종이를 고깔모자 모양으로 접습니다. 그리고 허공에서 마술 가루를 잡아넣는 동작을 하는 순간 빈 종이봉투에서 여러 개의 반짝이 줄이 나타납니다.

우리가 친근하게 접할 수 있는 종이를 이용한 것으로 사전 준비가 어렵지 않고 초보자들도 쉽게 연출할 수 있는 장점이 있습니다. 또한 화려한 반짝이 줄뿐만 아니라 지폐, 손수건 등 다양한 물건을 나타나게 할 수 있으며 학예회나 무대 공연에서 반응이 좋고 사람들의 호응을 이끌어 낼 수 있는 흥미로운 마술입니다.

타벨콘 마술은 고깔모자가 종이봉투로 되어 있다 보니 너무 큰 물건을 넣으면 불룩하게 튀어나와 보일 수 있고, 너무 작은 물건은 멀리 있는 관객들에게 잘 보이지 않기 때문에 어떤 것을 나오게 할 것인지 잘 선택해야 합니다. 저는 손수건, 지폐, 반짝이 줄, 가랜드 등 눈에 잘 띄는 물건을 주로 사용합니다.

공연을 보는 관객들이 어떤 대상이냐에 따라 다르게 사용하는데, 아이들에게는 반짝이 줄이나 가랜드와 같이 화려한 색상의 물건이 나오는 것이 좋고, 어른들에게는 연출에 따라 지폐나 손수건이 나오는 것이 더 좋을 때도 있습니다.

아무것도 없는 공간에서 물건이 나타나는 것은 마술의 대표적인 현상 중 하나로서, 사람들의 호응을 유도하기에 매우 좋은 마술입니다. 여러분의 주변에서 적합한 소품을 찾아서 각자 자신만의 연출로 멋진 마술을 완성해 보기 바랍니다.

## ✨ 연출 멘트

① 여기 종이봉투가 있습니다.
② 종이봉투를 꽃다발 모양으로 접어 보겠습니다.

③ 아무것도 없는 종이봉투에서 물건을 나타나게 해 보겠습니다.

④ (하늘에서 마술가루를 가져오면) 우와! 반짝이 줄이 나타났네요!

⑤ (한 번 더 봉투를 펴고 보여 주면서) 아무 이상이 없습니다.

⑥ 다시 마술가루를 가져오겠습니다.

⑦ 이번에는 여러분이 좋아하는 지폐가 나왔습니다!

연출 영상

해법 영상

# 9. 체인지 백 마술

이 마술은 아무것도 없는 주머니에서 여러 가지 물건을 만들어 내는 마술입니다.

마술사는 손잡이가 있는 기다란 주머니를 보여 줍니다. 주머니의 아래에는 지퍼가 달려 있어서 지퍼를 열고 손을 통과시키기도 하고 주머니 자체를 완전히 뒤집어서 아무것도 없다는 것을 관객들에게 보여 줍니다. 그리고 나서 마술 주머니에 주문을 걸면, 주머니에서 여러 가지 물건이 나옵니다.

이 마술은 사전 준비 과정이 간단하며 여러 가지 물건을 활용하여 다양하게 응용할 수 있다는 장점이 있습니다. 특히 이 마술은 관객의 시선, 각도와 상관없이 얼마든지 자유롭게 보여 줄 수 있고, 특별한 손기술 없이도 쉽게 마술을 진행할 수 있기 때문에 초보 마술사들에게 매우 좋은 마술입니다.

이 마술은 하나의 마술 도구로 여러 가지 신기한 현상을 보여 줄 수 있습니다. 물건을 나타나게 할 수도 있고, 반대로 사라지게 할 수도 있습니다. 물론, 응용해서 두 개의 서로 다른 물건이 바뀌어서 나오게 할 수도 있습니다.

예를 들어, 천 원권 지폐를 주머니에 넣었는데, 만 원권 지폐로 바뀌어 나오게 할 수도 있고, 사탕을 그린 종이를 넣고 진짜 사탕으로 바뀌어 나오게 할 수도 있습니다. 로프를 여러 가닥으로 잘라서 주머니에 넣었는데, 하나의 긴 로프로 연결되어서 나오게 할 수도 있고, 야구공을 넣었는데 탁구공이 나올 수도 있습니다. 이렇게 다양한 방법으로 연출할 수 있으니, 독자 여러분도 상상력을 발휘해서 멋진 마술을 만들어 보기 바랍니다.

## 연출 멘트

① 여기 주머니가 있습니다.
② (지폐를 열고 손을 통과시킨 뒤) 주머니 속에는 아무것도 없습니다.
③ 이 주머니에서 물건이 나타나게 해 보겠습니다.
④ 마술 바람을 '호~' 불어 주세요.
⑤ 여러분의 마술 바람으로 ○○○이 나왔습니다~!

연출 영상        해법 영상

# 10. 장미와 움직이는 완드 마술

이 마술은 지팡이 끝에 장미꽃이 나타 나는 마술이며, 지팡이가 스스로 움직이 는 마술입니다.

마술사가 지팡이를 손에 들고 흔들어 보여 줍니다. 그냥 평범한 작은 지팡이 입니다. 하지만, 마술사가 마술을 거는 순간, 지팡이 끝에 장미꽃이 피었습니다. 이 지팡이를 손에 잡고 주문 을 걸면 잡고 있던 지팡이가 조금씩 위로 올라가기도 합니다.

이 마술은 물건이 공중에 뜨거나 신비로운 불을 사용하거나 순간이 동을 하는 등의 화려하고 큰 마술은 아니지만, 아기자기 하고 재미있는 연출을 할 수 있는 마술입니다. 적합한 스토리텔링을 붙여 관객과 대 화를 나누며 진행할 수도 있으며, 지팡이를 만지려는 관객의 손을 거부 하는 얄미운 마술로 연출을 할 수도 있습니다.

마술 도구의 원리를 이해하고, 어색하지 않게 도구를 다루기 위해서 연습을 많이 해 봐야 합니다. 특히 관객의 참여를 이끌어내는 연출을 하기로 마음먹었다면, 타이밍이 중요하므로 먼저 집에서 가족들과 충분히 연습을 해 본 다음 친구들이나 다른 사람들에게 보여 주는 것이 좋습니다.

장미와 움직이는 완드는 두 가지 연출이 가능하며, 노래에 맞춰서 선보이는 스테이지 매직과 이야기를 만들어 관객과 함께 소통하며 진행을 하는 팔러 매직이 있습니다. 스테이지 매직으로 공연을 할 때는 전체 공연 중 어디에 넣던지 순서에 상관없이 좋습니다. 하지만, 팔러 매직으로 할 때는 공연 중간에 보여 주는 편입니다. 이 마술이 관객과의 소통에 매우 좋은 마술이기 때문에 그렇습니다.

마술은 보는 것도 재밌고 좋지만 관객이 나와 같이 한다면 더 큰 재미와 추억을 선사할 수 있기 때문에 중간에 팔러 매직을 넣어 준다면 더 기억에 남는 마술이 될 수 있습니다. 여러분들도 상상력을 발휘해 이야기를 만들어 자신만의 마술을 하시길 바랍니다.

## 꽃이 나타나는 마술 연출 멘트

① 여기 지팡이가 있습니다.

② 여러분을 닮은 아름다운 꽃을 나타나게 해 보겠습니다.

③ 하나! 둘! 셋!

④ 여러분을 닮은 이쁜 꽃이 나타났습니다~

## 지팡이가 나타나는 마술 연출 멘트

① 여기 특별한 지팡이가 있습니다.

② 스스로 올라가기도 하고 마술을 볼 때 의심하는 사람한테는 안 잡히는 지팡이입니다.

③ (관객이 나와 잡으려고 시도할 때) 의심하는 마음이 있으면 절대 안 잡힙니다. 의심을 풀고 다시 한번 해 보세요!

④ 우와! 지팡이가 마음에 들었는지 이제는 잡히네요~

연출 영상          해법 영상

# 11. 몬테 카드 마술

이 마술은 여왕 그림의 카드를 관객에게 보여 준 후, 카드를 돌리는 순간 왕이 그려진 카드로 바뀌는 마술입니다.

마술사는 서로 다른 두 개의 커다란 카드를 가지고 나와 마술을 시작합니다. 여왕 카드는 손에 들고, 왕 카드는 의자 위에 올려놓습니다. 그리고 의자 위에 올려 있는 왕 카드가 관객에게 보이지 않도록 돌려놓습니다. 두 개의 카드에 마술을 걸면, 왕 카드는 여왕 카드로, 손에 있는 여왕 카드는 왕 카드로 바뀝니다.

대부분의 무대에서 진행되는 마술은 사전 준비가 많이 필요하지만, 이 마술은 특별히 사전 준비가 없이 즉석에서 보여 줄 수 있다는 장점이 있습니다. 이 마술 도구만 있다면 언제 어디서든 멋진 마술을 할 수 있으며, 음악에 맞춰 멘트 없이 연기만으로도 충분히 연출을 할 수도 있고, 관객과 대화를 하며 여왕 혹은 왕 카드가 어디에 있는지를 맞혀 보라고 퀴즈를 내듯이 연출을 할 수도 있습니다.

카드 그림을 잘 이해하지 못하는 어린이 친구들에게 이 마술을 보여 줄 때는, 왕 그림과 여왕 그림을 잘 인지시켜 놓고 시작해서, 왕과 왕비가 바뀌었다는 사실을 이해시켜 줘야 하는 경우도 종종 있습니다. 연출하는 방법에 따라, 세 장의 카드를 사용하는 경우도 있고, 마술사 두 사람이 함께 진행을 하는 경우도 있습니다.

저는 이 마술을 동화구연처럼 이야기를 만들어 공연을 합니다. 아이들은 왕과 왕비를 헷갈려하는 경우가 있습니다. 하지만 이야기를 만들어 보여 주면 모든 사람들이 쉽게 이해할 수 있고 이야기를 통해 여러 가지 의미를 전달할 수 있기 때문에 학생들이나 어린아이들을 대상으로 이야기를 만들어 보여 주는 것을 선호합니다. 여러분들도 자신만의 이야기를 만들어 모든 사람들이 즐거워하는 마술이 되길 바랍니다.

## 연출 멘트

① 여기 왕 카드와 여왕 카드가 있습니다.
② 손에 있는 왕 카드와 의자에 있는 여왕 카드를 뒤집어 보겠습니다.

③ (공기 중 그림을 손으로 잡는 행동을 하면서) 서로 위치를 바꿔 보

　겠습니다.

④ 과연 위치가 바뀌었을까요?

⑤ 하나! 둘! 셋!

⑥ 우와~ 위치가 바뀌었습니다.

연출 영상　　　　　해법 영상

# 12. 꽃과 스카프 마술

이 마술은 화분이 그려진 스카프에서 꽃송이 2개를 만들어 내는 마술입니다.

마술사는 화분이 그려진 스카프를 가져와 앞뒤로 보여 줍니다. 그 후 손수건을 손에 쥐고 주문을 걸면 아무것도 없던 스카프에서 깃털로 만들어진 멋진 꽃송이가 나타납니다. 다시 스카프를 펼쳐서 아무 이상이 없음을 보여 준 뒤 주문을 걸면 또 하나의 꽃송이가 나타납니다.

이 마술은 부드러운 음악에 맞추어 천천히 연출해도 신기한 마술이고, 밝은 음악에 코믹하게 연출을 해도 재미있는 마술입니다. 도구의 특성을 이해하고, 사전 준비와 실제 연출에서 도구를 다루는 연습을 충분히 해야 합니다. 관객이 보는 각도에 따라 마술의 트릭이 노출될 수 있으니 주의해야 합니다.

꽃이 나오는 마술은 대부분의 사람들이 많이 좋아하는 마술입니다. 마술 도구를 제조한 곳에 따라 작은 사이즈의 도구도 있고, 아주 큰 사이즈의 도구도 있습니다. 자신에게 적절한 사이즈의 도구를 선택해서 하는 것이 좋습니다.

저는 이 마술을 실제 무대 공연에서 자주 사용할 만큼 무대에서 보여주기에 좋은 마술입니다. 꽃이라는 소재로 하는 마술을 관객들의 호응을 유도할 수 있고 학예회뿐만 아니라 특별한 날이나 서프라이즈로 보이기 좋은 마술 중 하나이기 때문에 충분한 연습만 한다면 자신만의 연출로 특별한 마술을 선보일 수 있습니다. 여러분의 멋진 마술을 만드시길 바랍니다.

## 연출 멘트

① 여기 화분이 그려진 스카프가 있습니다.

② 과연 이 화분에서는 뭐가 자라고 있을까요?

③ 수리 수리 마수리 얍.

④ 화분에서는 이쁜 꽃송이가 자라고 있었네요~

⑤ (관객에게 주면서) 이건 선물로 드리겠습니다~

연출 영상 해법 영상

# 무대 자세와 장소에 따른 마술 공연의 차이점

처음 마술에 흥미를 느낄 때는 할 수 있는 마술이 많지 않아서, 배워 나가는 그 자체만으로도 즐거움을 느끼곤 합니다. 그리고 시간이 지나면서 잘하는 마술이 늘어나고, 자신감도 붙어 사람들 앞에서 마술을 보여 주는 일이 점점 자연스러워지게 됩니다. 그러다 보면 여러분도 언젠가 '나도 무대에서 마술 공연을 한다면 어떤 느낌일까?'라는 궁금증이 들기 마련입니다. 저 또한 마술을 배워 가며 실력이 쌓이고, 사람들의 반응에서 기쁨을 느끼면서 공연을 준비하게 되었습니다.

저도 초기에는 충분한 경험이 없이 무대에 올라 실수도 많이 했지만, 그런 과정들이 쌓이고 쌓여 지금은 표정과 행동은 어떻게 해야 하는지, 상황에 맞는 음악 선택과 무대 위에서의 자세 등 공연에 필요한 요소들을 하나하나 익히면서 오늘의 '마술사 박윤아'로 성장하게 되었습니다.

일상에서 사람들에게 마술을 보여 주는 것과 '무대' 위에서의 공연은 확연히 다릅니다. 평소 부모님이나 친구들 앞에서는 편안하게 마술을 보여 줄 수 있지만, 무대 공연은 나를 보러 온 관객들 앞에서 멋진 마술을 보여 주겠다는 생각과 실망시키지 않겠다는 책임감으로 최선을 다해야 합니다.

　일반적으로 무대 공연에서는 무대가 크기 때문에 작은 행동 하나도 크게 표현해야 하고, 표정 또한 관객들의 시선을 사로잡을 수 있도록 신경 써야 합니다. 예를 들어, 웅장한 음악이 흐를 때는 카리스마 있는 표정을, 가벼운 음악이 나올 때는 웃음이나 놀라는 표정을 짓는 식으로 음악과 맞춰 동작을 표현한다면 관객들은 더 몰입할 수 있고 기억에 남는 마술 공연이 될 수 있습니다. 만약 공연 중 실수를 하더라도 그것을 드러내지 않고 하나의 퍼포먼스로 자연스럽게 넘기면 관객들은 실수를 알아채지 못합니다. 작은 실수에도 당황하지 않으려면 평소에 충분한 연습이 중요합니다.

　공연은 항상 같은 장소에서만 진행되지 않습니다. 어떤 곳에서는 넓은 무대와 조명, 음향시설, 대기실 등의 최적의 조건이 갖추어져 있지만, 어떤 장소에서는 좁고 복잡한 열악한 환경에서 공연을 해야 할 수도 있습니다. 상황에 맞춰 공연을 준비하는 것이 중요합니다. 대표적으로 실내 공연과 실외 공연의 차이점에 대해 이야기해 보겠습니다.

　먼저, 실내 공연은 일반적으로 야외 공연에 비해 조건이 비교적 좋습니다. 실내 공연의 장점은 대부분의 세팅이 이미 준비되어 있어 마술 도구와 음악만 준비하면 된다는 점입니다. 또한 주변 소음이 적어 관객과의 소통이 원활하고, 음악이 잘 전달되어 관객들이 쉽게 몰입할 수 있습니다. 그러나 실내 공연에도 예상치 못한 상황이 발생할 수 있습니다.

첫 번째로, 무대와 관객의 거리가 지나치게 가까운 경우입니다. 이럴때는 마술의 비밀이 쉽게 노출될 수 있기 때문에 무대 뒤쪽을 활용하거나 동작을 크게 하여 관객들의 시선을 분산시켜야 합니다.

두 번째로, 대기실이 없거나 좁은 경우입니다. 대기실이 없을 경우큰 천이나 물건을 이용해 무대 뒤에서 준비할 수 있도록 해야 하고, 좁은 대기실에서는 불필요한 물건을 치워 최대한 넓은 공간을 확보해야합니다. 이러한 상황을 미리 대비하면 어디서든 편안하게 공연을 할수 있습니다.

야외 공연은 실내 공연에 비해서 변수가 더 많습니다. 저는 무대 공연을 시작한 지 얼마 안 되어 홀로 첫 야외 공연을 하게 되었습니다. 설렘과 긴장감으로 열심히 공연을 준비했는데 공연 당일에 비가 오고 바람이 세게 불어 많이 당황하였고, 무대 경험이 별로 없었던 저로서는 막막했지만 '이 무대를 잘 끝내야겠다'라는 각오로 상황에 맞게 잘 대처하여 무사히 공연을 마친 경험이 있습니다. 이 무대를 통해 많은 것을 얻고 배웠습니다.

이렇게 실외 공연은 실내 공연과 달리 여러 제약이 따릅니다.

첫 번째로, 날씨의 영향을 많이 받는다는 점입니다. 예를 들어, 실크 (손수건) 마술을 준비했을 경우 바람이 많이 불면 날아가기 쉽기 때문에 제대로 마술을 보여 주기 어렵습니다. 또한 비바람이 심하면 무대 바닥이 미끄러워지고, 마술 도구가 젖거나 날아갈 수 있습니다. 날씨가 안 좋으면 관객의 숫자도 줄어들고, 호응도 적을 수 있습니다. 그러다 보면 실수도 많이 하게 됩니다. 이럴 때일수록 당황하지 말고 차분히 진행을 해야 하고, 이런 상황을 대비해 대체할 수 있는 마술을 2~3가지 더 준비해서 연습한 마술을 마음껏 보여 주는 것이 좋습니다.

두 번째로, 실외 공연에서는 관객이 무대 앞에서만 보는 것이 아니라 무대 양옆에서도 볼 수 있기 때문에 각도를 고려한 연출이 필요합니다. 물건을 나타나게 할 때는 앞쪽이 아닌 뒤쪽에서 등장시키는 등 최대한 몸을 이용해서 가려야 합니다. 마지막으로, 실외 공연에서는 주변 소음이 많아 관객의 집중을 끌어내기가 어렵습니다. 이때 짧고 임팩트 있는 멘트나 관객을 참여시키는 방식으로 분위기를 유도한다면 실외 공연도 실내 공연처럼 몰입도를 높일 수 있습니다.

마술 공연을 하다 보면 예상치 못한 수많은 어려움이 있습니다. 그 어려움을 겪으면서 저는 한 단계 더 성장했습니다. 공연을 하다 보면 실망스러운 순간들도 많고, 당황스러운 일들이 생기기도 합니다. 그러나 그럴 때마다 포기하지 말고 준비된 모습을 보여 주려 노력하다 보면, 무대에 맞게 상황을 대처하는 능력도 자연스럽게 생깁니다. 도전을 두려워하지 않고, 첫발을 내딛는 그 용기 자체가 큰 성장을 이끌어 낼 것입니다. 여러분들도 포기하지 말고 끝까지 최선을 다하는 마술사가 되었으면 합니다. 처음부터 완벽할 필요는 없습니다. 완성하려고 꾸준히 노력하다 보면 마술사로서의 완벽해져 가는 자신의 모습을 볼 수 있을 겁니다.

상황에 따라 다양한 마술을 보여 주기 위해서는 많은 학습과 노력을 통해 자신의 능력을 키워야 합니다. 또한 관객들에게 행복한 웃음과 에너지를 전달하다 보면 직업을 떠나 많은 사람들에게 기쁨과 즐거움을 전달하는 행복한 마술사가 될 수 있습니다.

이처럼 마술뿐만 아니라 공부 또는 인간관계(부모님, 친구, 선생님) 등 우리의 일상 속에 스며들고 모든 일들이 처음은 어려울지도 모르지만 시간이 지날수록 방법을 터득하게 되면서 한 계단씩 올라가 정상에 서 있는 모습을 보게 됩니다. 노력한 시간들은 헛되지 않고 빛을 바라보는 순간이 있습니다. 그날까지 모든 일에 최선을 다하는 사람이 되시길 바랍니다.

# 이동욱

## 프롤로그

여러분 안녕하세요! 마술사 이동욱입니다.

저는 초등학교 저학년 때, 우연히 마술을 만나게 되었습니다. 친척들이 모두 모여서 명절을 보내게 되었는데, 작은아버지께서 아이들을 거실에 모아 놓고 동전 마술을 보여 주었습니다. 지금 생각해 보면, 누구나 할 수 있는 간단한 마술이었는데, 꼬마였던 저에게는 참 재미있고 신기했습니다. 이것이 계기가 되어 초등학교 6학년 때부터는, 용돈을 모아서 마술 책도 사서 보고, 인터넷으로 마술 영상도 찾아보면서 간단한 마술을 배웠습니다. 친구나 친척들에게 연습한 마술을 보여 주기도 하면서 조금씩 취미 생활을 하게 되었습니다.

저의 꿈은 운동을 꾸준하게 해서 경호원이나 태권도 관장님이 되는 것이었습니다. 하지만 부상을 당하게 되었고, 결국 운동을 포기하게 되었습니다. 사실 저는 공부에 관심이 없었고, 나중에 어른이 되어서 평범한 직업을 갖고 싶지도 않았습니다.

고등학교에 진학해서, 마술을 좋아하는 친구를 만나게 되어 함께 연습도 하고 마술도 보여 주면서 학교 축제에서 마술 공연도 하게 되었는데, 그때의 감동이 아직도 기억이 납니다. 친구들의 박수와 함성에 참 기분이 좋았고, 이때 '내 꿈은 마술사다'라는 생각을 처음 하게 되었습니다.

하지만, 부모님은 제가 마술사가 되는 것을 반대하셨고, 마술이 아닌 공부를 열심히 하는 것을 바라셨습니다. 하지만, 너무너무 간절하게 마술을 하고 싶었고, 결국 중학교 때 방과후학교에서 마술을 가르쳐 주신 선생님을 찾아가 부모님을 설득해 달라고 부탁을 했습니다. 저의 간절함을 보고 선생님께서 부모님을 만나 설득을 해 주셨고, 결국 마술 전문반에 들어가 마술을 배울 수 있게 되었습니다. 이때부터 저는 마술사로서의 전문적인 교육을 받으며 선생님을 따라 현장 경험을 쌓기 시작 했습니다.

그리고 결국 꿈에 그리던 대학교 마술학과에 진학을 하게 되었고, 졸업 후 마술을 가르쳐 주신 선생님이 운영하던 회사에 취직을 해서 본격적으로 마술사로서의 활동을 시작하게 되었고 지금은 올매직이라는 마술회사를 운영하는 프로마술사가 되었습니다. 저는 무대에서 마술 공연을 할 때 받는 박수와 함성이 가장 좋습니다. 우연한 계기로 마술사라는 꿈을 갖게 되었고, 부모님의 반대 등 우여곡절 끝에 결국 그 꿈을 이룬 저로서는 지금의 삶이 참 행복하고 좋습니다.

이 책에는 청소년 친구들이 배워서 무대에 설 수 있는 다양한 마술들이 소개되어 있습니다. 저처럼 마술사로서의 꿈을 가진 많은 청소년 친구들이 그 꿈을 이루는 데 이 책이 도움이 되었으면 좋겠습니다. 어쩌면 저처럼 부모님의 반대, 혹은 잘하고 싶은데 생각만큼 잘 안 되는 어려움, 어떻게 해야 할지 모르는 막막함 등 다양한 어려움이 있을 수 있습니다. 하지만 끝까지 포기하지 말고 한 발, 한 발 앞으로 나아가라고 이야기해 주고 싶습니다.

저는 여러분이, 저보다 훨씬 더 훌륭한 마술사가 될 수 있다고 생각합니다. 여러분의 꿈을 응원하며, 언젠가 여러분과 함께 무대에 설 수 있었으면 좋겠습니다.

# 13. 링킹 로프 마술

이 마술은 3개의 로프가 각각 묶여 있
는 상태에서 서로 연결되는 마술입니다.

마술사는 빨간색, 노란색, 파란색 3개
의 로프를 관객들에게 보여 주고, 각각의
로프의 끝을 묶어 매듭을 짓습니다. 묶
여 있는 로프 세 개를 손에 쥐고 나서 마
술을 걸고, 로프를 떨어뜨리면 매듭이 묶여 있는 상태에서 서로 연결이
되는 마술입니다.

이 마술은 학예회나 장기자랑, 학교 축제 같은 장소에서 여러 사람
들에게 보여 줄 수 있는 훌륭한 마술입니다. 먼저, 로프를 능숙하게 묶
는 연습이 필요하고, 로프를 자연스럽게 잡아 연결시키는 손동작 연습
을 해야 합니다. 하지만 어려운 것이 아니어서, 누구나 금방 이 마술로
2~3분 정도 멋진 무대 마술을 할 수 있습니다.

저는 고등학교 때 처음 이 마술을 배워서 사용했는데, 다른 로프 마술과 함께 응용해서 화려하고 임팩트 있는 마술을 보여 줄 수 있었습니다. 이런 무대 마술은 거울 앞에 서서 연습을 하는 습관을 들이고, 스마트폰을 이용해서 실제로 마술 연기를 하는 것처럼 해서 내 마술을 동영상으로 촬영해서 확인하며 연습하는 습관을 들이는 것이 좋습니다. 충분한 연습을 통해 완벽하게 보여 줄 수 있다는 생각이 들 때에야 무대에서 정말 멋진 모습을 보여 줄 수 있습니다.

 **연출 멘트**

① 여기 3가지 색의 로프가 있습니다.
② (로프의 양 끝을 서로 묶어서 고리 모양을 만들면서) 노란색, 빨간색, 파란색 끈을 각각 잘 묶어 보겠습니다.
③ 이렇게 묶여 있는 3개의 로프를 잘 잡고 마술의 주문을 걸겠습니다.
④ (로프를 흔들면서) 수리수리 마수리 얍! 마술 주문을 걸어 주면,
⑤ 로프가 서로 연결되는 마술입니다.

연출 영상        해법 영상

# 14. 딜라이트 마술

이 마술은 아무것도 없는 마술사의 손
에서 빛이 나오는 마술입니다.

사람의 실루엣(형태)만 보이거나 혹은
좀 더 어두운 공간에서 마술사가 등장합
니다. 마술사가 손을 내밀어 천천히 흔
들어 보이며 손에 아무것도 없다는 것을

확인해줍니다. 그리고 마치 허공에서 잡아내는 것처럼 손끝에 불빛을
잡아냅니다. 그 불빛을 공중에 던져 받아 보기도 하고 순간이동을 시
켜 보기도 하는 등 불빛을 마음대로 조종하는 마술입니다.

이 마술은 빛을 이용한 마술이므로, 조명이 어두운 상태에서 했을 때
효과가 극대화되는 마술입니다. 부피가 작아서 휴대하기가 간편하며,
조명만 너무 밝지 않다면 많은 준비가 필요하지 않고 금방 보여 줄 수
있는 마술입니다. 오래전부터 많은 마술사들에게 사랑받았고, 현재까

지도 많은 마술사들이 다양한 방법으로 응용하여 사용하는 마술입니다. 저도 처음 무대에서 마술 공연을 할 때 사용했던 마술이고, 지금까지도 늘 빠지지 않고 사용하는 단골 마술 중 하나입니다.

불빛을 만들어 내고 이동하는 기본적인 연출 외에도, 마술사가 관객에게 가까이 다가가서 관객의 몸에서 불빛이 나타나거나 사라지게 할 수도 있고, 관객의 몸을 통과하는 것처럼 보이게 연출을 할 수 있습니다. 불빛을 입으로 먹는 연출도 가능하며, 불빛을 이용한 도구들과 같이 활용하면 더 멋진 연출을 할 수 있습니다. 마술사 외에도 다른 두세 명이 함께 이 마술을 가지고 멋진 퍼포먼스를 보여 줄 수도 있습니다.

## ✨ 연출 멘트

① 저의 손에는 아무것도 없습니다.
② (주머니를 보면서) 어? 여기에 무언가가 있네요? 꺼내 보겠습니다.
③ 우와, 불빛이 있습니다.
④ 이 불빛을 던져서 받을 수도 있고 이렇게 옮겨 잡을 수도 있습니다.
⑤ 이번에는 귀에 넣고 코로 빼고 하나의 빛을 두 개로 만들어 먹어 보겠습니다.

⑥ 입으로 먹은 불빛은 엉덩이로 나오게 되고 입김을 후 불면 불빛이 사라지는 마술입니다.

연출 영상              해법 영상

# 15. 리턴 페이퍼 마술

리턴 페이퍼 마술은 여러 조각으로 나 누어진 종이가 하나의 큰 종이로 연결되 어 붙는 마술입니다.

마술사는 그림이 그려져 있는 종이 8 장을 보여 줍니다. 이 종이는 하나의 큰 그림을 8조각으로 찢은 것입니다. 마술 사는 찢어진 카드들을 한 손으로 모아 잡고 마술을 걸어 줍니다. 그러 면 찢어져 나뉘어져 있던 카드 조각들이 한 조각씩 서로 붙게 되고, 결 국 하나의 큰 종이로 붙어 버립니다.

찢어진 종이가 눈앞에서 붙어서 찢어지기 전의 상태로 돌아간다는 것은 정말 놀라운 마법을 보는 것 같은 느낌을 줍니다. 종이가 한 장, 한 장 서로 붙는 것을 눈앞에서 보면, 누구나 놀라움에 계속해서 탄성 을 보내게 됩니다.

종이 재질이어서 조심히 다루면 한 번 쓰고 버리지 않고 여러 번 사용할 수 있습니다. 제작되는 디자인에 따라 포커 카드의 무늬일 수도 있고, 하나의 완성된 풍경화나 태극기일 수도 있습니다. 각자 자신이 좋아하는 캐릭터나 그림을 A4 용지 혹은 A3 용지에 인쇄하거나 그려서 사용해도 좋습니다.

저는 항상 초등학교 친구들에게 이 마술을 가르쳐 주는데, 대부분의 친구들이 이 마술을 좋아하고 열정적으로 연습을 하는 마술 중 하나입니다. 왜냐하면, 마술 자체가 멋있어 보이기도 하고, 진행 과정 자체가 너무나 신기해 보이기 때문입니다. 아마도 이 책을 읽는 여러분도 동영상을 통해 이 마술을 직접 보게 된다면, 정말 해 보고 싶다는 생각이 들게 될 것입니다.

이 마술은 연습을 많이 해야 하며, 익숙하게 종이를 펴기 위해 손동작을 익히는 데 많은 시간과 노력을 기울여야 합니다. 이 마술과 적절한 음악을 찾아 음악에 맞춰 보여 준다면, 아주 훌륭한 무대가 될 것입니다.

 **연출 멘트**

① 여기 8장의 카드 조각들이 있습니다.

② 이 조각들을 하나로 모아서, 여기에 마술을 걸면~

③ (조각이 하나하나 맞춰지는 모습을 보고 리액션을 하면서) 이렇게 한 장으로 합쳐지는 마술입니다.

연출 영상　　　　　해법 영상

# 16. 세워지는 로프 마술

마술은 부드러운 로프가 마술사의 신호에 딱딱하게 변하는 마술입니다.

마술사는 손에 로프를 들고 있습니다. 동그랗게 말려 있는 이 로프는 평범한 로프이지만, 마술사가 마술 신호를 주면 막대처럼 딱딱하게 변해서, 한쪽 끝을 잡고 세울 수도 있고, 옆으로 뉘어도 구부러지지 않습니다. 하지만, 다시 마술사가 주문을 풀어 주면 부드러운 로프로 돌아오는 마술입니다.

이 마술은 아주 쉽고 재미있는 마술입니다. 나이가 어린 친구들도 요령을 알고 조금만 연습을 하면 충분히 무대 마술로 사용할 수 있습니다.

이 마술의 비밀은 매우 간단하지만, 진짜 마술이 일어난 것처럼 자연스럽게 보이기 위해서는 연기가 필요합니다. 사실 모든 마술에는 많은 기술 연습과 적절한 연기가 필요합니다. 부드러운 로프가 딱딱한 막대기로 바뀌는 과정에서 표정이나 손짓이 자연스럽게 거울을 보고 연습해 보세요.

이 마술은 학예회나 장기자랑, 발표회 같은 무대에서 적절한 마술이며, 음악과 함께 연기를 하면 더 멋진 공연을 할 수 있습니다. 마술 도구를 조심히 다뤄야 하며, 잘 관리하면 반영구적으로 사용이 가능합니다.

## 연출 멘트

① 여기 로프 하나가 있습니다.

② 로프는 아무런 이상이 없죠?

③ 로프를 잡고 호~ 하고 마술의 입김을 불면!

④ 짠! 이렇게 로프는 딱딱한 막대기처럼 세워지게 됩니다.

⑤ 위아래 아무런 장치도 없고, 반대쪽도 아무런 장치가 없습니다.

⑥ 하지만, 이렇게 마술을 걸면, 로프는 움직이게 됩니다.

⑦ 머리카락을 하나 뽑아서 로프에 묶고 당기게 되면 로프가 이렇게 서게 되고,

⑧ 다시 신호를 주면 원래대로 돌아오게 됩니다.

연출 영상       해법 영상

# 17. 서프라이즈 글라스 마술

이 마술은 컵과 종이를 이용해 종이에 물을 부으면 물이 사라지고 다시 나오는 마술입니다.

마술사가 다른 색상의 음료를 하나의 바구니 안에 넣어 섞이게 흔들어 줍니다. 이후 바구니 안에 잘 섞여 있는 음료를 컵에 따르게 되면 음료의 색이 섞이지 않고 원래 색으로 나오는 마술입니다.

이 마술은 아주 간단한 트릭을 이용한 마술로서 누구나 쉽게 접근할 수 있는 마술입니다. 도구를 한 개로 활용해도 좋지만 2~3개의 도구를 사용해 3~4가지 색상의 음료를 섞이지 않게 나오는 연출이 가능합니다.

1개의 컵을 사용한다면 위에서 말한 연출밖에 사용할 수 없지만 2~3개의 도구를 사용한다면 하나의 바구니에 3~4가지의 다른 색상을 동일한 방법으로 연출을 하실 수 있습니다.

이 마술은 저자인 저뿐만이 아니라 많은 마술사분들이 마술 공연에 실제로 사용하고 있고 간편하면서 반응도 좋고 시각적으로도 가장 좋은 마술입니다.

 **연출 멘트**

① 여기 2가지 색상의 음료가 있습니다.
② 이 색이 다른 2가지 색상을 여기 비어 있는 바구니 안에 잘 넣고 섞어 주겠습니다.
③ 음료가 잘 섞이도록 바구니를 흔들어 줍니다.
④ 이 컵으로 섞여 있는 바구니에 음료를 푸면!
⑤ 우와~ 음료가 섞이지 않고 원래 색으로 돌아옵니다.

연출 영상          해법 영상

# 무대 공연과 음악 활용 방법

제가 마술 공연을 전문적으로 시작한 지 벌써 20년이 되었습니다. 그동안 다양한 공연 활동을 하면서 그간 직접 겪어 보고 느꼈던 무대 공연과 음악 활용에 대해 여러분에게 조언하려고 합니다. 어디까지나 저의 개인적인 의견입니다.

무대 마술 공연을 할 때 음악은 빠질 수 없는 중요한 요소 중 하나입니다. 만약 무대 마술 공연에 음악이 없다면 관객들의 입장에서 뭔가 허전하고 밋밋한 느낌이 들 것입니다. 그래서 무대 공연에 음악을 사용하게 되는데, 마술 공연에 적합한 음악을 고르는 것이 사실 쉽지 않습니다. 저는 보통 이런 식으로 음악을 선정합니다.

먼저 내가 하게 될 마술을 거울 앞에서 많은 연습을 합니다. 집중해서 2~3일 이상 계속해서 반복해서 해 보는 편입니다. 충분히 마술에 대한 이해와 진행 과정에 익숙해지면, 스마트 폰을 이용해 나의 연습 공연을 여러 번 반복해서 촬영해 봅니다. 그리고 그중 제일 잘된 영상을 선택해서, 이 마술의 포인트가 어디인지, 어느 부분에서 강조를 하면 좋은지를 생각해 봅니다. 그리고 이 마술 도구의 사이즈가 큰지 작은지, 혹은 마술의 느낌이 부드러운지 강한지 나 스스로에게 자꾸 물어보면서 연구합니다. 이 과정이 모두 끝나고 나면, 그제야 음악 선정을 하게 됩니다.

저는 마술 도구가 작고, 부드러운 느낌이라면 클래식 같은 부드러운 음악을 선정하는 편입니다. 그렇게 하는 이유는, 마술 도구가 작은데 비트가 강한 음악을 쓰게 되면 퍼포먼스가 강하지 않는 이상 관객이 마술에 집중하지 못하는 경우가 많기 때문입니다. 반대로 마술 도구가 크고 강한 느낌이 든다면 비트가 강한 음악을 추천합니다. 도구가 커지면 동작도 커지고 퍼포먼스하기에 좋아 비트가 강한 음원에 맞추기가 편하고 보는 관객들도 집중도를 올릴 수 있기 때문입니다.

하지만 음악 전체가 너무 잔잔하거나 너무 강한 비트로만 채워져 있으면 그런 음악들은 피하는 것이 좋습니다. 너무 잔잔한 음악은 공연을 지루하게 만들 수 있고, 너무 강한 음악은 관객들이 마술에 집중하는 것을 방해하는 경우가 많기 때문입니다. 쉽게 정리하자면 마술 도구가 작으면 잔잔하고 부드러운 음악을, 도구가 커지면 커질수록 비트가 강한 음악을 선곡하는 것이 초보 마술사들에게 도움이 됩니다.

음악을 선전하는 과정에서 가장 중요한 부분은, 내가 연습한 분량보다 음악의 길이가 조금 더 긴 것을 선정하는 것이 좋다는 것입니다. 예를 들어, 내가 연습한 마술 공연의 분량이 3분 정도라면, 음악은 3분 30초에서 4분 정도의 길이로 여유가 있는 음악을 선곡하는 것입니다. 이렇게 하면 연출 과정에 조금 더 여유 있게 충분한 연기를 담아 퍼포먼스를 진행할 수 있게 됩니다. 음악이 짧으면 연출 과정이 조급해지고 바빠지기 때문에 관객과의 소통이 줄어들 수 있습니다.

앞서 소개한 로프 마술을 예로 들어 보겠습니다.

저는 이 마술을 실제 마술 공연에서 자주 활용하고 있습니다. 이 마술에 대한 여러분의 느낌은 어떻습니까? 마술 도구의 크기만 생각했을 때, 작은가요? 큰가요? 저는 작은 쪽에 속한다고 생각을 합니다. 더욱이 일반 로프다 보니 흐느적거리기도 하죠.

다음은 마술 연출 자체로만 보았을 때는 어떻습니까? 마술 느낌이 강해 보였나요? 아니면 부드러워 보였나요? 저는 부드러운 쪽에 속한다고 생각합니다. 저는 이 로프 마술이 크기도 작고, 부드러운 마술이라고 생각했고, 음악을 선정할 때 살짝 잔잔하고 부드러운 음악을 선정했습니다.

이렇게 음악을 선정하고 나면 노래에 맞춰 연출 연습을 하게 됩니다.

먼저 선정한 음악을 여러 번 반복해서 들어 보고, 음악의 포인트가 어느 부분인지, 음악의 흐름이 어떠한지, 어느 부분이 클라이맥스인지, 어떻게 끝나는지 등을 익혀야 합니다.

이후에는 마술의 포인트를 음악의 흐름과 포인트에 맞춰서 연습하고 중간중간에 나만의 멋진 자세, 동작을 추가해서 연습하다 보면 근사하고 멋진 하나의 마술 액트로 완성해 갑니다.

이렇게 음악을 선정하고 음악에 맞추어 연습을 많이 하다 보면, 어느새 자신감도 생기고 공연을 해 보고 싶다는 생각이 많이 들게 됩니다. 하지만 무대에 올라가기 전에 생각해 봐야 할 것들이 많습니다.

생각보다 많은 초보 마술사들이 무대에서 실수를 연발하고 후회를 합니다. 그만큼 무대 공연에는 예기치 못한 일도 많고 의도하지 않은 일도 많이 발생합니다. 그럴수록 용기를 내고 다시 도전해 보는 자세를 가져야 합니다. 여러분의 마술 공연이 성공적으로 진행될 수 있도록 몇 가지 조언을 드리겠습니다.

먼저 복장에 신경을 많이 써야 합니다. 여러 사람들 앞에서 무대에 올라가는 사람은 일단 복장이 깔끔해야 한다고 생각합니다. 저는 정장 스타일의 복장이 제일 무난하다고 생각합니다. 굳이 정장이 아니어도,

검은색 계열의 하의에 검정색 티셔츠 혹은 와이셔츠를 입는 것을 추천해 드립니다. 실제 마술 공연을 하다 보면 마술 도구들이 밝고 화려한 경우가 많아 검은색 계열의 복장이 잘 어울립니다. 한편으로는 마술의 집중도가 더욱더 높아지기도 한다고 생각합니다. 마술사가 형형색색의 컬러풀한 옷을 입으면 아무래도 시선이 분산되기 때문에 집중도를 해칠 수 있습니다.

실제 공연을 할 때처럼 복장을 착용하고 음악에 맞추어 마술 공연을 연습하면서 계속해서 나의 공연 퍼포먼스가 적절한지, 음악이나 연출 과정이 어색하지는 않은지 생각해 봐야 합니다. 제일 좋은 방법은 스마트폰 등을 이용해서 촬영을 해 보고 그 영상을 보면서 어색한 부분은 없는지 여러분 스스로가 느껴야 합니다.

연출 동작에 집중하다 보면 표정 연기가 어색할 수 있고, 표정 연기에 집중하다 보면 연출 동작이 어색해질 수 있습니다. 누구나 처음에 이런 과정을 거칩니다. 계속해서 연습하고, 나의 연출 영상을 보고 고쳐 나가는 노력을 많이 해야 합니다.

무대 공연을 하게 되면 당연히 긴장되고 떨리기 마련입니다. 그러다 보니 연습 때와는 다르게 긴장을 해서 실수도 하게 되고, 연출 퍼포먼스도 충분히 하지 못한 채 무대를 내려오게 되는 경험을 할 수 있습니다. 대부분의 마술사들이 이런 경험을 합니다. 공연 전 심호흡을 하고, 평소 연습했던 대로 해낼 수 있다는 자신감을 갖기 바랍니다.

천천히, 여유 있게 공연을 하려고 노력해야 합니다. 음악이 짧거나, 마음에 여유가 없으면 조급해져서 급하게 공연을 진행하게 됩니다. 그래서 공연 음악을 충분히 여유 있는 것으로 선정해서 연출을 해 보는 것이 좋습니다. 관객들과 눈을 맞추면서 얼굴에 미소를 잃지 않고 여유 있는 모습을 보이려고 의도적으로 노력해야 합니다.

마지막으로는 가장 중요한 것은 연습입니다. 무대 위에서 화려한 마술을 성공적으로 마치기 위해서는 무대 아래에서 몇 배나 더 많은 시간과 노력을 기울여 연습을 해야 합니다. 여러분이 연습에 투자한 시간만큼 여러분의 공연이 멋지게 펼쳐질 것입니다. 여러분을 진심으로 응원합니다.

# 이지언

**프롤로그**

안녕하세요, 예비 마술사 여러분! 마술의 세계에 오신 것을 환영합니다. 저는 마술사, 마술강사로 활동하고 있는 이지언입니다.

저는 어릴 적부터 특별한 능력을 갖고 싶어 했습니다. 투명인간이 되거나 하늘을 날아다니고 힘이 세지는 상상을 하면서, '초능력을 얻어 특별한 사람이 된다면 얼마나 좋을까'라는 생각을 자주 했습니다.

중학교 3학년 때, 취미로 마술을 하는 친구가 마술을 보여 주었는데, 참 신기하고 재미있었습니다. 그리고 마치 신비한 마법의 힘을 가진 것처럼 그 친구가 너무 특별해 보였습니다. 저는 그 일을 계기로 마술을 배우기 시작했습니다. 그 친구처럼 저도 마술을 배우면 특별하고 신비한 사람이 될 것 같았습니다.

학교에서 쉬는 시간마다 친구들을 모아서 집에서 연습한 마술들을 보여 주기도 하고, 학교 축제 무대에서 마술 공연을 하기도 했습니다.

친구들이 제가 보여 주는 마술을 보고 깜짝 놀라기도 하고, 재미있어 하고 알려 달라고 조를 때마다 열심히 연습한 보람이 있어서 참 즐거웠습니다. 학교에서 평소에 모르던 친구들이 다가와서 마술에 대해서 물어보기도 하고, 그 덕분에 친구도 더 많이 사귈 수 있었습니다. 어느새 학교에서 유명한 학생이 되어, 마치 연예인이 된 것처럼 학교생활이 즐거웠습니다. 간혹 마술의 비밀을 물어보는 친구들이 있었지만 쉽게 알려 주지 않았고, 신비한 마술사의 느낌을 간직하며 고등학교를 졸업하고 자연스럽게 마술사가 되었습니다. 어느새 마술을 시작한 지가 20년이 넘었습니다. 그동안 힘든 일도 많았지만, 여전히 마술을 할 때가 가장 행복하고 즐겁습니다.

누군가의 마술을 보는 것도 즐거운 일이지만, 내가 마술을 열심히 연습해서 주변 사람들에게 보여 주었을 때 느낄 수 있는 짜릿함과 즐거움이 있습니다. 아무리 간단한 마술도 멋지게 성공한다면, 그 순간 나를 특별한 사람으로 만들어 줄 것입니다.

이 책에는 여러분이 쉽게 배워서 할 수 있는 효과 좋은 마술이 소개되어 있고, 저만의 생각이 담긴 연출이 담겨 있습니다. 각각의 마술들은 생성, 소멸, 부양, 사물 변화, 관통, 재생, 색깔 변화, 반전, 축소 효과가 있는 마술들로 다채롭게 구성되어 있으며, 단순히 마술 도구를 나열하는 것이 아니라 최대한 연결성 있게 마술을 할 수 있도록 구성하였습니다. 여러분이 영상을 보고 그대로 따라만 해도 학예회나 파티, 축제 등 다양한 무대에서 주목받고 빛나는 마술사가 될 수 있습니다.

그러나 가장 중요한 것은 연습입니다. 무대 위에서 여러 사람들에게 멋진 공연을 하기 위해서는 자신감이 필요하고, 이 자신감은 충분한 연습을 통해서만 가질 수 있습니다. 때로는 하나의 마술을 완성하기 위해 많은 시간이 필요할 수 있습니다. 하지만 계속해서 꾸준히 반복해서 연습하면 어느새 멋진 마술사가 되어 있는 여러분의 모습을 볼 수 있을 것입니다.

가까운 미래에 멋진 마술사로서 만나게 될 여러분을 진심으로 응원합니다.

지금부터 저와 함께 시작해 볼까요?

# 18. 완드 투 플라워 마술

이 마술은 아무것도 없는 빈손에서 지팡이가 나타나고, 이 지팡이를 이용해 화분에 꽃이 피어나게 하는 마술입니다.

마술사는 작은 화분을 손에 들고, 화분 안에 아무것도 없는 것을 보여 줍니다. 화분을 테이블 위에 올려놓고, 이번에는 아무것도 들고 있지 않은 빈손을 보여 줍니다. 하지만 마술사의 손짓에 따라 빈손에 지팡이가 나타나고, 이 지팡이로 화분에 마술을 걸면 꽃이 나타납니다.

사실, 이 마술의 비밀은 매우 간단합니다. 구성품도 단순해서 지팡이와 꽃, 그리고 화분으로 이루어져 있고, 씨앗을 나타내는 공이 추가로 들어 있는 구성도 있습니다. 마술을 하기 전에 어떻게 준비를 하고, 어떻게 해야 꽃이 나오는지를 이해하면 6~7세 아이들도 충분히 할 수 있는 마술입니다.

하지만 지팡이에서 꽃이 나오는 기본 연출 방법 외에, 지팡이를 이용해서 더 멋진 마술을 할 수 있다는 것을 알려 주고 싶습니다. 저는 최근에 이 마술 도구 하나만을 가지고 전국 마술강사 대회에서 최우수상을 받았습니다. 많은 사람들이 이 마술을 단순히 지팡이에서 꽃이 나오는 마술로 사용하지만, 저는 여러분이 이런 고정관념에서 벗어나 더 다양한 방법으로 무대에서 멋진 마술을 표현해 보겠다는 생각을 하면 좋겠습니다.

안내되어 있는 시범 영상과 해법 영상을 참고해서, 지팡이를 이용한 마술 연습에 더 많은 시간과 노력을 하시기 바랍니다. 지팡이가 갑자기 사라지거나 나타나는 등의 마술은 많은 연습을 필요로 합니다. 여러분만의 루틴을 만들어 낸다면, 무대 위에서 멋진 마술로 박수를 받게 될 것입니다.

### ✨ 연출 멘트

① 여기에 화분이 하나 있습니다.
② 화분 안에는 아무것도 없습니다.

③ 화분 밑에도 아무것도 없죠?

④ 화분을 잠시 내려놓고 빈손에서 지팡이를 만들어 내겠습니다!

⑤ 그리고 이 지팡이로 화분에 마술을 걸면! 꽃이 나타나게 됩니다!

연출 영상      해법 영상

# 19. 로프 투 실크 마술

이 마술은 로프가 실크로 바뀌는 마술입니다.

마술사는 로프를 하나 꺼내 관객에게 보여 줍니다. 분명히 평범한 로프처럼 보이는데, 마술사의 손짓에 따라 눈앞에서 순간 로프가 실크로 바뀝니다.

이 마술은 순식간에 로프가 실크로 바뀌기 때문에 시각적으로 매우 효과가 좋은 마술입니다. 또한 실크를 활용해서 연속적으로 다음 마술들과 연결되는 다양한 마술을 할 수 있기 때문에 활용도가 높은 마술이기도 합니다. 부피가 작아서 휴대하기가 용이하고, 준비하는 과정이 간단합니다. 그래서 별도의 테이블이나 가방이 없이도 주머니에 넣어 두었다가 바로 꺼내어 사용할 수도 있기 때문에, 언제 어디에서나 마술을 보여 주고 싶을 때, 즉석에서 보여 줄 수 있는 마술입니다.

마술 도구의 특성을 잘 이해하면 로프에서 실크로 바뀌는 마술뿐만 아니라, 로프가 손에서 세워지기도 하고, 실크를 이용해 비둘기 혹은 다른 사물을 만들어 내는 마술을 할 때 활용할 수 있습니다. 이렇게 하나의 마술 도구로 다양한 현상을 보여 주거나, 다른 마술들과 연계해서 할 수 있는 마술들은 관객으로 하여금 여러분을 전문적인 마술사처럼 보이게 할 것입니다.


## ✨ 연출 멘트

① 여기 로프가 하나 있습니다.

② 이 로프를 세워서 잡고 힘을 불어넣어 보겠습니다.

③ 이제 잡고 있던 손을 놓아도 세워진 로프가 쓰러지지 않습니다.

④ 다시 마술을 걸면 세워진 로프가 힘을 잃고 쓰러지게 됩니다.

⑤ 이번에는 로프를 손으로 쓸어내리며 마술을 걸겠습니다.

⑥ 하나, 둘, 셋!

⑦ 로프가 실크로 변했습니다.

연출 영상

해법 영상

# 20. 드림백 마술

이 마술은 아무것도 없는 종이봉투
에서 꽃 상자가 여러 개 나오는 마술
입니다.

마술사는 종이봉투 안에 아무것도
없다는 것을 관객에게 확인시켜 줍니
다. 그리고 종이봉투에 마술을 걸고

나서, 종이봉투에 손을 넣어 커다란 꽃 상자를 꺼냅니다. 꽃 상자를 내
려놓고, 다시 한 번 종이봉투 안을 관객들에게 보여 주지만, 역시 아무
것도 들어 있지 않은 비어 있는 종이봉투입니다. 하지만 마술사는 종
이봉투에서 꽃 상자를 1~2개 더 꺼낼 수 있습니다.

이 마술은 얇은 종이봉투 안에서 커다란 상자가 나타나기 때문에 시
각적으로 효과가 좋은 마술입니다. 하지만, 마술의 원리가 매우 간단
해서 누구나 금방 익혀서 멋진 무대 마술을 보여 줄 수 있습니다. 종이

봉투 안에서 여러 개의 꽃 상자를 꺼낼 때, 중간중간에 실크 손수건이나, 가랜드 같은 종류의 늘어나는 꽃, 스프링 플라워 같은 소품 등이 나오는 마술로 응용할 수도 있습니다.

마술 도구의 특성을 잘 이해하고, 어떤 물건들을 넣을 수 있는지, 넣기가 어려운지를 생각해 보고, 각각의 소품들이 의미를 가지고 연결되도록 노력하는 것은 마술을 더 풍성하게 연출하는 데 도움이 되는 습관입니다. 예를 들어, 파란색 실크 손수건이 나온 다음에 파란색 꽃 상자를 꺼낼 수도 있고, 빨간색 색종이로 접은 장미꽃이 나온 다음에 빨간색 꽃 상자를 나오게 할 수 있습니다. 여러분만의 멋진 연출을 만들어 보시기 바랍니다.

## ✨ 연출 멘트

① 여기 빈 종이봉투가 있습니다.

② (봉투 안을 보여 주며) 봉투 안에 뭐가 들어 있나요?

③ 봉투 안에는 아무것도 없죠?

④ 그런데 제가 손을 넣어 보면, 뭔가가 잡힙니다.

⑤ 한번 꺼내 볼까요?

⑥ 봉투 안에서 커다란 상자가 나오게 됩니다!

⑦ (봉투 안을 보여 주며) 다시 봐도 봉투 안에는 아무것도 없습니다.

⑧ 하지만 제가 손을 넣으면 봉투 안에서 상자가 나오게 됩니다!

연출 영상                    해법 영상

# 21. 풍선 재생 마술

이 마술은 가위로 자른 풍선이 잘리기 전 상태로 되돌아가는 마술입니다.

마술사는 풍선을 손에 들고 가위로 잘라 둘로 나눕니다. 두 조각이 된 풍선을 입에 대고 바람을 불면, 마치 풍선이 처음부터 잘리지 않았던 것처럼 부풀어 오르게 됩니다.

이 마술은 특별한 마술 도구가 아닌 평범한 가위와 시중에서 쉽게 구할 수 있는 풍선으로 할 수 있습니다. 마술의 비밀도 너무나 간단해서 풍선을 자르고 부는 과정이 단순한 속임수에 불과해 보이지만, 풍선이 부풀어 오르는 모습이 시각적으로 효과가 좋기 때문에, 마술사가 어떻게 연기를 하느냐에 따라서 너무나 신기한 마술로 보일 수 있습니다. 어쩌면 일상생활 속에서 평소에 쉽게 볼 수 있는 소재로 보여 주는 마술이어서 더 신기하게 보일 수 있는 것입니다.

부피가 작기 때문에 주머니에서 꺼낼 수도 있고, 다른 마술 도구를 이용해 풍선이 나오는 마술을 보여 주고, 그 풍선을 가지고 이어서 마술을 보여 줄 수도 있습니다. 또한 풍선을 이용해 또 다른 물건을 만들어 내는 마술이 많으므로, 단순히 잘린 풍선에 바람이 불어지는 마술로만 사용하지 말고, 다른 마술들과 연결해서 활용하려고 노력해 보시길 바랍니다.

## 연출 멘트

① 평범한 풍선이 있습니다.
② 이 풍선을 가위로 한번 잘라 보겠습니다.
③ 잘린 풍선을 들고 불어 보면, 놀랍게도 다시 하나로 붙어 부풀어 오르게 됩니다.

연출 영상          해법 영상

이 마술은 커다란 CD 모양의 원형판에 색깔이 바뀌는 마술입니다.

마술사는 CD 모양의 회색 원형판 세 장을 관객들에게 보여줍니다. 회색 원형판 한 장을 종이로 만든 원형판집 혹은 케이스처럼 보이는 곳에 넣습니다. 그리고 가운데 구멍이 난 부분에 빨간색 리본을 통과시켜 걸쳐 놓고 마술을 걸어 줍니다. 그리고 종이 케이스에서 원형판을 꺼내면, 회색 원형판이 아니라 빨간색 원형판에 빨간색 리본이 걸려 나오게 됩니다.

계속해서 같은 방법으로 회색 원형판을 넣었는데 노란색 리본을 구멍에 넣으면 노란색 원형판으로, 파란색 리본을 구멍에 넣으면 파란색 원형판으로 바뀌어 나오게 됩니다. 관객들은 회색 원형판을 종이 케이스에 넣고, 미리 넣어져 있던 빨간, 노란, 파란색 원형판을 꺼냈다고 생각합니다. 하지만 마술사는 종이케이스를 펼쳐서 내부를 보여 주는데, 케이스 안에는 아무것도 남아 있지 않는, 반전이 있는 마술입니다.

이 마술은 종이로 만든 원형판을 사용하지만, 깃털로 만들어진 링으로 비슷한 효과를 보여 주는 마술 도구도 있습니다.

이 마술은 원형판의 색깔이 세 번 바뀌는 동안, 같은 연출을 세 번 반복하게 되기 때문에, 어찌 보면 지루해 보일 수도 있습니다. 하지만 적절한 음악과 연기를 통해서 전혀 지루하지 않게 계속해서 신기하고 재미있는 장면을 연출을 할 수도 있습니다.

## 연출 멘트

① 종이상자에 회색 CD 세 장이 있습니다.
② 한 장의 회색 CD를 상자에 넣고 주문을 외우면 어떻게 되는지 보겠습니다.
③ (CD를 꺼내며) 음… 아무 일도 일어나지 않았네요.
④ (CD를 다시 넣고) 이번에는 CD 가운데에 빨간 리본을 걸어 놓고 해 보겠습니다.

⑤ (CD를 꺼내며) CD가 리본과 같은 빨간색으로 변했습니다!

⑥ 다음 회색 CD를 상자에 넣고 노란색 리본을 걸어 보겠습니다.

⑦ 이번에는 CD 색깔이 노란색으로 변했습니다!

⑧ 마지막 CD는 파란색 리본을 걸어 보겠습니다.

⑨ 마지막 CD도 리본과 같은 파란색으로 변했습니다. 감사합니다!

⑩ 지금까지 마술을 보시면서 여러분들은 아마 상자 안에 CD를 숨겨 놓고 바꿔치기를 했다고 생각했을 겁니다. 그래서 지금도 상자 안에 회색 CD가 있다고 생각하고 있을 겁니다.

⑪ 하지만 상자를 열어 보면 안에는 아무것도 없습니다.

연출 영상     해법 영상

# 23. 작아지는 카드 마술

이 마술은 여러 장의 카드가 손안에서 점점 작아지는 마술입니다.

마술사는 카드 한 덱을 꺼내, 손에서 부채 모양으로 멋지게 펼쳐 한 손에 들고 보여 줍니다.

그리고 다른 손으로 카드를 부채모양으로 잡아 부채질을 하면 손에 있는 카드가 작아집니다. 작아진 카드를 더 작게, 더 작게 만들어 결국 손톱 크기만큼의 작은 카드로 작게 만들어 줍니다. 꽃가루와 부채를 이용해서 작아진 카드가 꽃가루로 변해서 날리는 화려한 연출로 마무리할 수도 있습니다.

일반적으로 무대에서 프로 마술사들이 보여 주는 현란한 카드 마술은 정말 오랜 시간 동안, 많은 연습을 해야 합니다. 하지만 이 마술은 도구의 특성과 다루는 방법을 잘 이해하면 훨씬 더 적은 노력으로도 무대에서 관객들에게 놀라운 마술을 보여 줄 수 있습니다.

마술을 위해 제작된 크고 화려한 도구를 사용하는 마술은 관객들의 입장에서 뭔가 숨겨진 비밀이 있다는 생각을 하게 합니다. 하지만 이렇게 특별한 장치랄 것이 없어 보이는 평범해 보이는 카드로 보여 주는 마술은 마술사의 실력으로 보이기 때문에 마술사를 더 돋보이게 합니다. 무대에서의 각도가 중요한 마술이므로 반드시 자신의 마술을 동영상으로 찍어서 확인해 가면서 연습을 하기 바랍니다.

## 연출 멘트

① 여기 카드 한 덱이 있습니다.

② 카드를 부채 모양으로 펼쳐서 다른 카드에 부채질을 해 보겠습니다.

③ 놀랍게도 카드가 작아졌습니다!

④ 원래 카드와 크기를 비교해 보니 정말 작아졌네요.

⑤ 작아진 카드를 펼쳐 다시 한 번 부채질을 해 보겠습니다.

⑥ 작아진 카드가 더 작아졌습니다! (5, 6번 멘트 반복)

연출 영상 해법 영상

# 루틴을 구성하는 방법

각각의 마술들을 하나씩 연습하고 자연스럽게 표현할 수 있게 되면, 이제 각각의 마술을 서로 연결하여 하나의 루틴으로 구성을 하게 됩니다.

보통 처음에는 알고 있는 마술의 종류도 적고, 어떻게 구성을 해야 할지 몰라서 알고 있는 마술들을 그냥 순서대로 나열하여 보여 주게 됩니다. 마술 도구를 꺼내서 마술을 보여 주고 집어넣고, 새로운 도구를 꺼내서 마술 보여 주고 집어넣고, 또 새로운 도구를 꺼내서 마술 보여 주고 집어넣고의 반복하는 패턴으로 시작을 하게 됩니다. 하지만 여기 서 한 단계 나아가 마술들을 자연스럽게 연결해 준다면 여러 가지의 마술들이 모여 하나의 완성된 공연으로 보이게 됩니다.

이번 편에서는 루틴을 구성하는 3가지 방법을 소개하겠습니다.

**a. 다른 마술사들의 공연을 많이 보고, 그들의 루틴을 그대로 따라 해**

**보려고 노력한다** : 마술을 처음 배울 때부터 나만의 연출과 루틴을 만들기는 쉽지 않습니다. 가장 쉬운 방법은 다른 마술사들의 루틴을 보고 따라 해 보는 것입니다. 경험과 실력이 쌓이면서 나중에는 다른 사람의 루틴을 변형, 응용, 조합하여 나만의 마술로 재구성할 수 있게 됩니다.

**b. 서로 비슷한 마술 도구들을 모아서 하나의 공연 작품을 구성한다**
: 비슷한 소재 혹은 유사한 방식의 마술들을 모으거나, 모양이 달라도 색깔이 같은 도구들을 모아서 루틴을 구성한다면 하나의 통일된 공연으로 보일 수 있습니다.

신문지나 종이로 할 수 있는 마술들을 여러 가지 모아서 보여 주거나, 꽃을 소재로 하는 마술들을 모아서 연결하는 방법도 좋습니다. 서로 다른 마술이지만, 색깔이 같은 마술을 모아서 보여 주는 것도 좋습니다.

**c. 가지고 있는 마술 도구를 최대한 활용하여 연결한다** : 현재 내가 가지고 있는 마술 도구들을 서로 연결해 보기 위해 생각하는 시간이 필요합니다. 마술 도구의 기본 연출 외에 이 도구로 어떤 마술을 더 할 수 있는지 생각해 보고, 다른 도구와 함께 사용하는 방법이 뭐가 있는지 자꾸 시도하다 보면 자연스럽게 연결되는 부분들을 찾게 됩니다. 앞서 소개한 6가지의 마술로 예를 들어 하나의 루틴으로 구성을 해 보겠습니다.

① 완드 투 플라워 : 완드로 꽃이 나타나게 하고 끝나는 마술이지만, 완드 마술도 이어서 보여 줄 수 있고, 다음 마술 드림백의 주문을 걸어 주는 도구로 사용할 수 있습니다.

② 드림백 : 빈 종이봉투에서 꽃 상자가 나타나는 마술이지만, 꽃 상자 사이에 풍선, 3색 리본 등 납작한 물건을 넣어 두고 나타나게 할 수도 있습니다. 그리고 봉투보다 크게 펼쳐지는 마술 도구를 꺼내어 보여 줄 수도 있습니다. 그렇게 되면 꽃 상자만 나타나고 끝나는 마술이 아니라, 마술이 일어나는 다양한 물건이 계속 나타나는 마법의 봉투 마술이 되는 것입니다.

③ 로프 투 실크 : 완드로 드림백에 마법의 주문을 걸어서 로프가 나옵니다. 로프는 공중에 세워지기도 하고, 실크로 바뀌게 됩니다.

④ 풍선 재생 : 드림백에서 나온 풍선을 잘랐다가 다시 재생시키고 풍선을 불어 그 안에 카드를 넣어 버립니다.

⑤ 디미니싱 카드 : 풍선 안에 들어갔던 카드를 다시 꺼내서 크기를 작게 만들어 버립니다.

⑥ 컬러체인지 베니싱 CD : 드림백에서 나온 3색 리본을 이용해서 CD의 색을 바꿔 줍니다.

다음의 QR 코드를 통해 완성된 공연 영상을 확인해 보시기 바랍니다. 1번 마술부터 6번 마술까지의 자연스럽게 연결되는 것을 볼 수 있습니다.

이런 식으로 연결해 주게 되면 6개의 마술을 따로따로 보여 주는 것이 아니라, 하나의 공연을 보여 주는 것이 됩니다. 항상 마술과 마술, 도구와 도구들끼리의 연결점을 찾는 습관을 들여 보시기 바랍니다.

연출 영상

# 마술사가 꼭 지켜야 할 약속
## : 하워드 서스톤의 마술 3원칙에서

### 1. 마술의 비밀을 사람들에게 알려 주지 않습니다.

마술의 비밀이 공개되는 순간, 사람들은 더 이상 여러분의 마술에 박수를 보내 주지 않을 것입니다. 어쩌면, 마술의 비밀을 알게 되면 실망할 수도 있습니다. 마술사인 여러분을 위해서, 그리고 관객인 다른 사람들을 위해서 마술의 비밀을 지켜 주세요.

### 2. 같은 마술을 같은 자리에서 두 번 보여 주지 않습니다.

여러분이 열심히 연습을 하고, 성공적으로 마술을 보여 주었다면, 아마도 대부분의 사람들은 한 번 더 해 보라고 얘기할 겁니다. 그만큼 여러분이 마술이 신기하고 재미있었다는 것입니다. 하지만 같은 마술을 두 번 보여 준다면, 그때부터 사람들은 마술의 비밀을 알아내기 위해 노력할 것입니다.

### 3. 마술의 결과를 미리 말하지 않습니다.

사람들이 미처 예상하지 못한 마술의 결과가 신기하고 재미있는 것입니다. 마술을 시작하기 전에 미리 마술의 결과를 말해 준다면, 흥미가 떨어지고 재미도 덜하게 됩니다. 놀라운 반전의 마술을 보여 주시기 바랍니다.

(출처: 하워드 서스톤, 『My Life of Magic』, 1929)

# 마술 도구 구입 추천 쇼핑몰

- 쇼핑몰 홈페이지 주소: https://jlmagic.co.kr/
- 대표번호: 1688-7808
- 네이버 검색: 제이엘매직

# 내 꿈은 마술사

ⓒ 김미숙·박윤아·이동욱·이지언, 2025

초판 1쇄 발행 2025년 6월 4일

지은이      김미숙·박윤아·이동욱·이지언
펴낸이      이기봉
편집        좋은땅 편집팀
펴낸곳      도서출판 좋은땅
주소        서울특별시 마포구 양화로12길 26 지월드빌딩 (서교동 395-7)
전화        02)374-8616~7
팩스        02)374-8614
이메일      gworldbook@naver.com
홈페이지    www.g-world.co.kr

ISBN    979-11-388-4325-6 (03690)